ARCHIVES DES LETTRES MODERNES
COMITÉ DE DIRECTION
Patrick Marot, Philippe Antoine,
Christian Chelebourg, Julien Roumette,
Jean-Yves Laurichesse et Llewellyn Brown
241

Dialectique de la fleur

Cet ouvrage a été publié pour la première fois en 1989
dans la collection *Archives des lettres modernes* et dans la série
« Archives Jean Giono » dirigées par Michel Minard.

LAURENT FOURCAUT

Dialectique de la fleur

Angélique, matrice de l'œuvre gionienne

PARIS
LETTRES MODERNES MINARD

Laurent Fourcaut est professeur émérite de Sorbonne université. Spécialiste des œuvres de Jean Giono et de Georges Simenon, sur lesquelles il a publié plusieurs livres et de très nombreux articles, il travaille sur la poésie contemporaine. Il est rédacteur en chef de la revue de poésie *Place de la Sorbonne*. Il est également l'auteur de six livres de poèmes.

Réimpression de l'édition de Paris, 1989.

ISBN 978-2-406-12541-9 (livre broché)
ISSN 0003-9675

SIGLES ET ABRÉVIATIONS

ŒUVRES

Œuvres romanesques complètes (Paris, Gallimard, « Bibliothèque de la Pléiade »). Édition en six volumes établie par Robert RICATTE avec la collaboration de Pierre CITRON, Henri GODARD, Lucien et Janine MIALLET et Luce RICATTE.

I	Tome Ier (1971)
I2	Tome Ier, revu et augmenté (1982)
II	Tome II (1972)
III	Tome III (1974)
IV	Tome IV (1977)
V	Tome V (1980)
VI	Tome VI (1983)

Sans autre précision, pour *Angélique*, la pagination dans le texte renvoie à la seconde édition du tome I des *Œuvres romanesques complètes*.

USUELS

JG1 *Jean Giono 1*, etc. (fascicules de la Série *Jean Giono* de la collection « La Revue des lettres modernes »).

À l'intérieur d'un même paragraphe, les séries continues de références à une même source sont allégées du sigle commun initial et réduites à la seule numérotation; par ailleurs les références consécutives identiques ne sont pas répétées à l'intérieur de ce paragraphe.

Toute citation formellement textuelle (avec sa référence) se présente soit hors texte, en caractère romain compact, soit dans le corps du texte en *italique* entre guillemets, les soulignés du texte d'origine étant rendus par l'alternance romain/*italique*; mais seuls les mots en PETITES CAPITALES y sont soulignés par l'auteur de l'étude. Le signe * devant une séquence atteste l'écart typographique (*italiques* isolées du contexte non cité, PETITES CAPITALES propres au texte cité, interférences possibles avec des sigles de l'étude) ou donne une redistribution *|entre deux barres verticales| d'une forme de texte non avérée, soit à l'état typographique (calligrammes, rébus, montage, découpage, dialogues de films, émissions radiophoniques...), soit à l'état manuscrit (forme en attente, alternative, options non résolues...).

INTRODUCTION

PREMIER roman, inachevé, écrit par Giono, *Angélique* a été publié pour la première fois par Henri Godard en 1980 (Gallimard), puis repris en appendice dans la réédition en 1982 du tome I des *Œuvres romanesques complètes* dans la « Bibliothèque de la Pléiade ». La question de la date de sa rédaction ne paraît pas réglée : 1915 selon Henri Godard, 1920–1922 selon Pierre Citron. Nous penchons pour cette dernière hypothèse, à cause de la relative maturité du texte. En effet, malgré de visibles maladresses (certains clichés littéraires, effets de « réel médiéval » trop appuyés), le lecteur a le sentiment d'« *une indéniable habileté narrative* »[1] ; en outre, ce récit présente à l'analyse la plupart des thèmes, motifs, images, obsessions et surtout la problématique de base qui les rassemble et qui va nourrir les œuvres ultérieures.

Aussi bien, comment ne pas lire *Angélique* à la lumière de celles-ci ? Impossible, dès lors, de ne pas y déceler avec certitude les deux grands pôles qui vont gouverner l'œuvre entière et que Giono a nommés et longuement détaillés dans *Noé*, un quart de siècle plus tard : la « perte » et l'« avarice »[2]. Si l'on veut bien rapporter ces notions psychologiques à leur infrastructure matérielle, on peut en donner la définition sommaire suivante, étant entendu que cette étude sera conduite à la préciser et à l'enrichir : la perte est le désir élémentaire et irrépressible qui pousse tout individu à s'abolir comme tel pour se fondre dans le monde-mère, pour rejoindre l'indifférencié originel; l'avarice est la tendance opposée, déclenchée par la « terreur panique » qu'inspire la perspective de la perte : un instinct de conservation pouvant conduire l'individu, dans certains cas supérieurs, à rivaliser avec ce monde attirant et mortel jusqu'à s'arroger, en une transgression caractéristique, ses attributs.

On est frappé, à la lecture de ce premier roman, par le relief qu'y prend — non sans naïveté — la mise en scène du schème œdipien et singulièrement de la grande figure de la Mère dévoratrice, castratrice, ainsi que des rapports fils—père; par la nette récurrence du motif de la *fleur*, sur lequel de surcroît le « conte de la fleur d'or » (1359) (chapitre VI, histoire d'Ixia) attire nécessairement l'attention. On s'interroge enfin sur l'ambiguïté, délibérément ménagée, du sexe du protagoniste, Angélique, d'autant que ce prénom, paradoxalement féminin ici, est appelé à reparaître souvent dans l'œuvre, sous une forme tantôt féminine : Angiolina dans *La Toison* et dans *Jean le Bleu*, Angèle dans *Un de Baumugnes*; tantôt masculine : Ange dans *Deux cavaliers de l'orage*, Angelo dans le cycle du Hussard[3].

Nous ambitionnons de proposer dans cette étude une lecture globale du texte qui, prenant en charge non seulement ces traits saillants mais aussi la complexe imbrication des images, des thèmes et des structures, fasse sentir à quel point le problème central qui organise l'univers romanesque de Giono, celui de la résolution dialectique de la contradiction entre perte et avarice (dialectique, puisqu'il s'agit de satisfaire également aux exigences contradictoires de ces deux pulsions) est en germe dans cette première ébauche[4].

Mais celle-ci se signale encore par la profusion des mécanismes par lesquels l'auteur débutant s'efforce de résoudre ce problème, ce qui rend d'ailleurs ardues leur mise en ordre et leur exposition : tout se passe comme si Giono avait jeté en bloc sur le papier ces solutions multiples, qui vont constituer un réservoir dans lequel chacun des romans suivants puisera, sélectionnant, développant, approfondissant plus particulièrement tel ou tel de ces dispositifs. Pour s'en tenir à deux exemples, le thème des « frères ennemis », qui apparaît très discrètement dans les marges des aventures d'Angélique, sera au cœur de *Deux cavaliers de l'orage* (combats fratricides des Jason) et très présent dans *Le Hussard sur le toit* et *Le Bonheur fou* (rivalité d'Angelo et de son frère de lait Giuseppe); tandis que le mécanisme de la cruauté (l'avare jouissant de la perte par victime interposée) formera un des thèmes principaux d'*Un Roi sans divertissement.*

Ce récit se présente comme un parcours initiatique accompli par le jeune Angélique : au désir de possession de la Mère, exprimé d'emblée par le truchement de symboles, répond très vite la menace de la figure terrifiante du monde-mère, assumée par un groupe d'images clés, cependant que se constitue — complément indispensable — le modèle paternel de la domination de la terre-mère. Dès lors, une alternative capitale se dessine : inventer sa propre voie en respectant la position dominante du père; ou subvertir celle-ci en s'emparant de la place du père, lequel, inversement, se voit alors condamné à subir la loi de l'inscription mortelle dans le cours des métamorphoses (c'est-à-dire la loi de la dévoration par la Mère), loi à laquelle le fils a voulu, précisément, se soustraire. Cette seconde modalité expose bien entendu quiconque y a recours à un châtiment. Elle est actualisée par une série de personnages de fils ou de filles (il faudra d'ailleurs s'interroger sur les motifs de cette variation du sexe des personnages entrant dans le paradigme du rejeton œdipien) dont les rapports respectifs avec le père semblent donnés par le texte comme autant de modèles possibles s'offrant à Angélique au long de son itinéraire. L'inachèvement du récit interdit évidemment de savoir lequel il aurait finalement adopté; mais il laisse pleinement observer que certains de ces modèles sont présentés dès ce premier roman à la fois comme des tentations et comme des impasses — ce qui ne les empêchera nullement de reparaître plus tard sous diverses formes —, tandis que s'esquisse une solution de compromis à laquelle Giono aura toujours du mal à se tenir, et sur laquelle nous allons bientôt revenir.

I

L'INDIVIDU ET SON DÉSIR

la force interne

Le problème de base est celui de la gestion du désir du sujet, que Giono appelle toujours *la force* parce qu'il est un fragment détaché et isolé du Tout, du magma de forces qui compose l'univers. Le texte y fait référence à plusieurs reprises. De Degli Uberti, au service d'Alain à Montségur, qui lui a montré les enluminures d'un riche manuscrit, Angélique dit : « [...] *j'ai compris la grande force qui gîtait dans cette folle cervelle.* » (1341).

Le vecteur privilégié de ce dynamisme interne est le sang : « *Alain a la vivifiante force dans son sang* [...]. » (1342)[5]. Que la « *cervelle* » (1341) soit le siège de la force chez Degli Uberti indique déjà suffisamment que les hôtes du château de Montségur sont atteints d'un déplacement dangereux de la force : d'une intellectualisation du désir ; et on verra plus loin à quel sort funeste cela les expose. Le sang-force est métaphorisé par le serpent ; au sortir de son cachot de Suze, Angélique est réconforté de retrouver Alain : « *Et le serpent robuste et rouge sinua de nouveau dans ses artères.* » (1367). Symbole phallique, le serpent signifie le désir global de fusion avec le monde. D'autre part, comme celui-ci, en tant que réceptacle des forces universelles, est constamment assimilé à une mer, la force individuelle correspondante est aussi une eau, c'est-à-dire toujours finalement une « mer » intérieure. Dans un passage de ce point de vue exemplaire, Angélique définit ainsi la force recluse d'Alain (recluse en effet, nous montrerons pourquoi; remarquons pour l'instant que cette réclusion retentit ici sur la logique de la métaphore : l'étang est à la mer ce qu'une eau fermée et morte est à une eau vive et ouverte) : « *Comme une eau tranquille où croissent de trop larges nénuphars se rouille de taches, s'assombrit et pue, la pensée de notre maître* [...] *est devenue un nid de fièvres maladives.* » (1342). La même image revient plus loin, particulièrement parlante : « *Et le cœur d'Alain dormait comme un lac paisible sur lequel s'est levée la sereine lune. Il était, avant de venir à Suze, tumultueux et boursouflé de lames furieuses, car l'aigre désir soufflait.* » (1357).

Il est encore un élément du récit qui atteste la dépendance radicale de l'individu par rapport à l'originel monde-mère. Nous établirons bientôt qu'une des propriétés fondamentales de ce dernier est d'être une monstrueuse *bouche*, parce qu'il attire et « dévore » tous les êtres séparés. Or cet attribut essentiellement maternel, cette bouche de la Mère Nature est présent, symboliquement — et il faudra revenir sur ce symbole capital pour en bien mesurer la portée —, dans le personnage d'Angélique dont le portrait liminaire comporte la phrase : « *Une bouche ambiguë féminisait l'ensemble de ses traits par des lèvres charnues et dessinées en arc.* » (1322). Cette bouche féminine est la bouche d'une femme qui est la Mère; en effet, l'autre caractère féminin d'Angélique, son prénom, il l'explique lui-même ainsi à Elme : c'est, dit-il, « [*c*]*elui de ma mère, que je porte en souvenir d'elle* » (1356). Il y a donc bien en Angélique un principe qui l'apparente étroitement à l'origine maternelle et le voue, comme tout individu, à y replonger. Selon quelles modalités? Là est toute la question.

le désir de possession de la Mère

Indépendamment des mentions directes du désir à propos de jeunes hommes, communes à tout roman (voir les personnages d'Alain et d'Émeric, baron de Suze), le texte en fournit plusieurs représentations imagées. Un exemple, pris au début. Angélique inspecte la campagne alentour : « *Au-delà, un labour; la terre noire, éventrée, fumait.* » (1323). Le « viol » de la terre-mère par le soc de la charrue est un symbole sexuel classique, du reste fréquent chez Giono[6]. L'*incipit*, surtout, doit être lu comme une mise en texte dense et insistante du complexe œdipien. Il y est question, non d'une charrue et de son soc, mais d'une barque et de son « *étrave* » (1322). Les voyageurs — Angélique et son père — débarquent nuitamment dans une crique des bords du Rhône (l'embarcation « *entra dans l'eau dormante* »). Ils sont comparés tour à tour à des « *faux-sauniers* », des « *contrebandiers* », des « *voleurs* » et même à « *des protestants qui s'infiltraient dans les États du Pape* »; on notera l'anachronisme : il ne saurait y avoir de protestants, au sens strict du terme, dans un récit censé se dérouler au Moyen Âge. Mais justement l'anachronisme fait sens et cette scène qui ouvre le livre esquisse d'emblée le programme d'une transgression : pénétrer clandestinement et illégalement dans la Mère, en s'insurgeant contre l'autorité du « *Pape* », c'est-à-dire du Père (la présence de son père aux côtés d'Angélique n'infirme pas cette analyse : on verra que ce personnage de père intervient avant tout dans le récit en tant qu'il réalise un certain type — exemplaire, il est vrai — de domination de la Mère; autrement dit, il joue lui-même un rôle de fils œdipien[7], rôle par rapport auquel les autres fils : Angélique, Alain, Émeric, devront se déterminer).

Le désir de l'individu (du fils) étant posé et son objet défini, examinons maintenant les attributs, permanents chez Giono, du monde-mère.

II

LE MONDE-MÈRE ET LA DIALECTIQUE DE LA FLEUR

le monde dévorateur-castrateur ou la Nature ogresse

Pour Giono, le monde est à la fois l'objet fascinant du désir, l'indifférencié originel où chaque individu aspire à rentrer, et une bouche dévoratrice terrifiante (c'est la *vagina dentata*[8], la mère inspirant un désir frappé d'interdit et donc promis au châtiment de la castration). Ces caractères et ceux qui y sont liés (démesure, mobilité, nuit primordiale, etc.) sont énoncés dans le texte au moyen d'images (la mer, la gueule, le gouffre) ou de symboles (la forêt, sombre et inextricable, la chevelure) qui peuvent d'ailleurs se combiner (la forêt comparée à une mer). Le plus souvent, ces attributs ne se rapportent à la Nature que par le biais d'une synecdoque : ce qui est dit d'une forêt, voire d'un simple ruisseau vaut pour le monde tout entier. On est fondé à le penser en raison de la récurrence de tels motifs dans l'œuvre gionienne et de leur articulation autour de quelques grands thèmes qui ainsi peu à peu se dessinent : en l'occurrence, une végétation proliférante et qui prend au piège quiconque s'y aventure, une mer métaphorique effaçant les contours doivent être interprétées comme autant d'affleurements du thème de l'ogresse. Passons donc à l'étude de ces images et symboles d'un monde-mère qui détruit.

la Force

Le monde selon Giono est un monstrueux nœud de forces, une Force globale en constant devenir, comme il apparaît clairement dans un passage au symbolisme remarquable. Au pied du château de Suze, un terre-plein porte « *une mer de roses énormes* » (1355) ; dans l'orage, les rosiers sont déchiquetés, les pétales volent en tous sens, « *brassés par une force géante* ». Une « *force géante* » bouleversant une « *mer* » de roses (nous reviendrons sur les significations, essentielles, de la fleur ; disons ici en simplifiant beaucoup que les roses sont les formes générées et renouvelées par la Force) : excellent raccourci de la vision gionienne du cosmos.

Le lieu de la Force et, d'une façon générale, de tous les éléments, réels ou figurés, qui entrent dans le paradigme des métamorphoses de la Force (la Force se réduisant, en dernière analyse, aux transformations qu'elle imprime à toute chose et chaque chose à une forme momentanée que prend la Force), c'est l'*en bas*. Inversement, la tendance à se soustraire aux implications périlleuses de la Force-en-bas se traduit toujours par l'action de *monter* (une trentaine d'occurrences de ce verbe dans un roman bref), l'exemple le plus caractéristique étant celui de l'ascension d'Angélique et de son père vers les hauteurs escarpées de Saint-Restitut. En bas, donc, l'eau, la mer, la terre, la forêt, la bouche ainsi que le mélange et les batailles (voir *infra*). Les personnages se transportent-ils en un lieu élevé que celui-ci se dédouble en un haut et un bas, lequel présente toutes les propriétés de l'en bas, en particulier la menace de dévoration : c'est le cas de la « *bastille* » (1325) de Saint-Restitut, dont la tour est attaquée par la forêt « *à sa base* » (1328).

la mer

On va pouvoir constater que toutes les images qui représentent le monde-mère fonctionnent comme autant de symboles féminins (symboles du sexe féminin, objet du désir et tout à la fois cause et instrument fantasmatiques de la castration ; donc, à ce titre, lieu d'une ambivalence fondamentale) ; ce symbolisme est le commun dénominateur qui les regroupe et fonde le paradigme de l'ogresse (mère castratrice).

D'abord vient la mer. Il ne s'agit d'une mer « réelle » (la Méditerranée) que dans le conte d'Ixia, où elle présente cependant la même valeur que dans ses emplois métaphoriques. La mer rend sensible la démesure du monde réel : d'une tour de Suze, Angélique découvre « *une immensité de pays qui, coupé de bandes de brume et de nuages bas, paraissait une mer* » (1357). La mer, symbole de la mobilité universelle : « *Jusqu'au rebord du plateau, une houle de genévriers courait.* » (1332). Figuration de la grande nuit élémentaire[9] : « *Et le flot silencieux de la nuit battait l'arête du plateau.* » (1329). Image appelée à jouer un grand rôle dans l'œuvre à venir, la « mer » se fait *déluge* destructeur des formes : dans la salle à manger du château de Montségur, « *des profils d'aïeules sortaient de l'ombre qui, hors du rayon* [*de soleil*], *redevenait maîtresse et* NOYAIT *les formes et les couleurs dans son manteau bleu* » (1336). Lieu d'un brassage continu de formes par la Force[10] : « [...] *une mer de roses énormes courait en vagues de pourpre de la lisière du parc jusqu'au fossé* [*du château de Suze*] [...]. » (1355).

La mer est donc aussi l'espace du *mélange* où tous les éléments isolés et discontinus retournent à l'homogène et d'où ils émergent et s'individualisent. Angélique est introduit dans la salle du festin de Suze : « *Ce n'était d'abord qu'une fumée bleue flottante, dans laquelle couraient et* SE MÊLAIENT *les criailleries de cent voix diverses, puis* UNE VAGUE *chaude qui soufflait. Cependant, Angélique, plongeant dans* CETTE ÉTRANGE MER *à la suite de ses gardiens, vit bientôt apparaître peu à peu les détails.* » (1366-7).

Figure privilégiée du monde naturel, la mer en présente le mode de fonctionnement essentiel : ce que Giono appelle la « bataille », exprimant par là une de ses intuitions majeures, à savoir que dans tous les ordres de réalité la contradiction est le moteur, la loi de la vie. Loi que Giono n'a jamais manqué d'illustrer dans son œuvre, même si la tentation la plus constante de ses personnages — et d'abord ici, dans *Angélique*, comme on va bientôt pouvoir en juger — est d'échapper aux « batailles » quelles qu'elles soient. Qu'on ne s'y trompe pas : l'emploi du verbe *battre* ne relève jamais chez lui du cliché littéraire, mais est signe d'une vision du monde. Ainsi dans les phrases suivantes : « *Et le flot silencieux de la nuit* BATTAIT *l'arête du plateau.* » (1329) ; « [...] *nous irons aux rives bleues de l'horizon, où le ciel* BAT *la crête des collines comme une mer.* » (1343) ; « [...] *le bruit* BATTAIT *sa tête, pareil à une mer.* » (1366) ; « *Le bruit l'*ASSAILLAIT, *semblable aux vagues furieuses de la mer, hurlant autour d'un roc solitaire.* » (1367).

Bête amoureuse (la Méditerranée « *s'étale avec un ronronnement de chatte en amour* » (1359) ; les « *catins* » (1325) d'Émeric, le père d'Angélique les qualifiait de « *chattes* »), Mère menaçante (dans les ténèbres de son cachot, Alain s'imagine cerné par « *la mystérieuse mer, noire de dangers* » (1366)), la mer est enfin l'ogresse, la bouche-sexe dévoratrice. L'histoire d'Ixia est à cet égard exemplaire. On sait que, sur les ordres de Rourkhâ la sorcière, Ixia laisse dévorer son père, Mario, par un monstre marin dont la « gueule », symbole féminin transparent, est métonyme de cette mer qui mange ses proies : représentation saisissante du fantasme des « dents de la mer(e) ». Voici le passage concerné : « *La mer se creusait en un vertigineux tourbillon, et, au fond de l'entonnoir, s'ouvrait la gueule noire d'un monstre marin.* [...] *Seule, la balancelle de Ixia tournait sur le rebord glissant du trou, suspendue par la force de Rourkhâ* ». Les esclaves « *jetèrent* [*Mario*] *dans le trou noir, au fond duquel était la gueule du monstre* » (1364).

On aura remarqué l'étonnante prolifération des symboles féminins (tourbillon, entonnoir, gueule noire, trou noir).

la forêt et la chevelure

Le passage où le narrateur décrit longuement la façon dont la végétation ronge la base de la tour (phallique) de Saint-Restitut indique clairement que la forêt appartient au paradigme de l'ogresse :

> La forêt luttait lentement. Les longues herbes coupantes ondulaient à sa base ; les clématites cotonneuses l'assaillaient comme de blanches vapeurs. Des lichens nichaient aux moindres trous ; [...] dès que la divine haleine du vent passait, les bras verts bataillaient, les branches griffaient et s'accrochaient, grinçantes ; la viorne balançait ses vrilles, prenant et lâchant les pierres. Sifflante, soufflante, pleine de plaintes, et ébranlée de hurlements profonds et sourds, au cliquetis de son toit et dans la poussière brune qui tombait du bois rongé, la tour soutenait le combat formidable de la forêt. (1328)

À la forêt sont associés plusieurs des caractères de la mer : menace de castration (herbes coupantes, tour sapée) ; dévoration (bois rongé) ; batailles (abondant champ lexical du combat).

Une autre description, au début du livre, permet de compléter la « compréhension » du symbole : « [...] *le bois montait aux collines et s'étendait sur le pays comme une toison de bête.* [...] *Une onde de terreur émanait de cette végétation crispée.* [...] *cette nuit éternelle fourmillait des dangers spéciaux dont ne garantissent pas les dagues.* » (1324). Affinité de la forêt, dont les éléments se perdent dans l'indifférenciation touffue de l'ensemble, avec la nuit élémentaire ; l'une et l'autre inspirent la « terreur » panique, consécutive chez Giono à la proximité de la Nature castratrice ; enfin équivalence entre forêt et chevelure. La comparaison « *comme une toison de bête* » évoque le célèbre poème des *Fleurs du mal*, « *La Chevelure* » : « *Ô toison, moutonnant jusque sur l'encolure !* » (v. 1), où les cheveux de la femme sont d'ailleurs comparés à une « *forêt aromatique* » (v. 8) mais aussi à une « *mer d'ébène* » (v. 14). Sans prétendre déceler ici une réminiscence, on ne peut que constater chez les deux auteurs (on sait du reste que Baudelaire était un des poètes préférés de Giono) la présence d'un même faisceau de relations entre ces divers symboles. Giono assimile lui aussi en effet la forêt à une mer : « *Ils avaient dépassé la tête des arbres et le bois s'étendait à leurs pieds. Il était semblable à une sombre mer de tempête, figée.* » (1328). Et à propos d'Ixia, il utilise la métaphore « *un golfe de ses cheveux* » (1360).

De même que, chez Baudelaire, la chevelure féminine a une connotation sexuelle évidente, de même le groupe forêt-chevelure dans notre texte est un symbole sexuel féminin. La « chevelure » prodigieuse de Rourkhâ achèvera de nous en convaincre. Demandons-en pour l'instant confirmation à Freud. Traitant du symbolisme du rêve, il écrit : « *Les poils qui garnissent l'appareil génital chez les deux sexes sont décrits par le rêve sous l'aspect d'une forêt, d'un bosquet. La topographie compliquée de l'appareil génital de la femme fait qu'on se le représente souvent comme un paysage, avec rocher, forêt, eau* [...]. » (p. 141[11]).

La métaphore de la « *toison* » (1366) tisse de nouveau un réseau d'équivalences entre la nuit, la chevelure, la forêt et l'ogresse à propos d'Alain enfermé dans son cachot : « *L'ombre, lentement, mangeait ses nerfs, posait ses griffes sur son crâne et l'étouffait de toute son épaisse toison.* »

l'eau chargée d'herbes

Est-ce d'être à l'intersection de la mer et de la forêt, est-ce plutôt que les herbes qui la garnissent enlacent et capturent le pied (symbole phallique[12]) du marcheur qui s'y aventure, toujours est-il que l'eau chargée d'herbes remplit manifestement la même fonction symbolique que les deux objets précédents. C'est particulièrement net dans l'épisode final de *Naissance de l'Odyssée* où la cannette d'Ulysse, dans son périple autour du bassin, est menacée d'engloutissement quand elle atteint « *le port de la scabieuse* » (I, 119) : « *C'était sur l'autre rive, une faille de la margelle. Elle abritait une petite langue d'eau noire qui luisait à travers les tentacules vermiculaires d'une scabieuse éplorée.* » L'auteur qualifie plus loin cette mortelle végétation aquatique de « *toison d'herbes hirsutes* » (I, 120). On se souvient que, dans l'*incipit*, la barque s'engageait dans une crique, « *havre tranquille où l'eau stagnait, sertie d'herbes longues* » (I^2, 1322), cette crique s'inscrivant d'emblée dans une problématique œdipienne. Or, très vite, la valeur de ce motif s'inverse : de « *havre tranquille* », l'eau garnie d'herbes se transforme en piège redoutable. Angélique et son père franchissent un ruisseau qui, coulant « *au bas de la cuvette* » (1325), sépare le fief de Saint-Paul des terres de Saint-Restitut : « *De longues herbes y ondulaient avec un mouvement huileux, et le reflet de la ramure noire s'emplissait d'un grouillement mystérieux. Ils traversèrent sur des pierres blanches qui émergeaient.* » Viscosité, grouillement, mystère, eau noire « en bas » pleine d'une végétation mouvante : autant de signes qui trahissent la présence de la « bouche » castratrice ; du reste, les personnages s'empressent de passer outre, de s'arracher à cette sournoise emprise pour monter sur le plateau de Saint-Restitut, en un mouvement qui prolonge et explicite celui des pierres « émergeant » du ruisseau.

Pourquoi une telle inversion en trois pages d'intervalle? Tout se passe comme si la seconde occurrence du motif enregistrait dans son registre propre (symbolique) une donnée intermédiaire du récit, et servait donc à mesurer l'état de la question œdipienne. Cette donnée, c'est l'histoire, contée par le père (1323-5), des « *trois frères ennemis* » (1323) de Saint-Paul : bâtards du seigneur-évêque « *paillard comme un bouc* » (1324), ils s'entre-déchirent depuis sa mort pour s'emparer de la position du Père, possesseur des femmes[13]. La menace de castration qu'exprime la nouvelle occurrence de l'eau chargée d'herbes répond donc à l'entreprise œdipienne des trois fils, entreprise dans laquelle Angélique et son père sont aussi engagés.

Le motif revient ensuite rappeler périodiquement le danger auquel il s'agit d'échapper. Un cavalier vient faire boire son cheval au ruisseau; le cheval entre dans l'eau : « *Derrière lui l'eau troublée se striait de bandes rousses, des débris d'herbes flottaient lentement.* » (1327)[14]. On se souvient que de « *longues herbes coupantes* » (1328), mêlées à la forêt, attaquaient le pied de la tour de Saint-Restitut et que d'autre part forêt et eau sont des motifs interchangeables à l'intérieur du paradigme de l'ogresse. Donc, forêt + herbes (coupantes) = eau + herbes (liantes). À ce paradigme appartient aussi la « *jatte énorme* » (1339) servie aux convives de Montségur et qui contient, « *débordantes et échevelées* [nouveau croisement avec le motif de la chevelure], *des herbes recroquevillées ou coupées* EN DENTS DE SCIE ». Plus tard, Alain, partant épier l'entrevue d'Angélique avec Elme, descend un escalier semblable à « *un puits* » (1358) qui le mène à un fossé plein d'eau où l'attend une barque (qui nous renvoie à celle de l'*incipit*) : « *Bientôt il fut sur la dalle préambulaire close dans l'eau immobile et les herbes.* »

Il n'est pas jusqu'à telle phrase d'apparence anodine qui ne vienne confirmer la cohérence et la permanence de ces associations : « *Les herbes dansent dans l'haleine de la nuit* [...] » (1341). L'haleine implique une bouche, la « bouche d'ombre » du monde dont l'eau, la forêt etc. sont autant d'images. Or voici que de nouveau des herbes dansent, ou ondulent dans cette bouche, donnant forme (parmi bien d'autres possibles, comme on va le voir) au flux (au chant) qu'elle émet mais aussi, indissociablement, à sa faculté d'attirer et d'engloutir.

la bouche de l'ogresse

Dès ce premier roman, la figure mythique de l'ogresse est donc au fondement de la vision gionienne du monde matériel. Elle est d'ailleurs explicite dans le discours initiatique que Farinata tient à Angélique et où il lui révèle le vrai visage de la terre, tout à fait comme fera Janet dans *Colline* pour l'édification de Gondran, son gendre (Farinata ne se pose-t-il pas en père spirituel auprès d'Angélique ?). La terre, explique-t-il, est « *une grosse bête suave sur laquelle nous vivons à la façon des poux* » (1332-3). En outre, « *un infidèle* » se serait glissé « *jusqu'aux régions où se trouve la tête. Un immense trou d'où montaient des fumées : haleines, je présume, de monstrueuses digestions* » (1333). Ce « *trou* » est évidemment la bouche de la bête, et les « *monstrueuses digestions* » témoignent de sa propension à dévorer toutes choses.

On retrouve cette bouche garnie de dents hostiles dans l'évocation de l'aconit, plante mortelle qui fleurit « *d'une cloche bleu sombre* » et dont « *les feuilles dentées* » tuent qui les mange (1340). Et surtout dans l'ouverture béante de la tour de Saint-Restitut : « *Un vaste escalier délabré où poussaient des orchis montait jusqu'à sa porte, bouche noire montrant les crocs de sa herse à moitié levée.* » (1328). Angélique est effrayé : « *Père, regardez les grands yeux noirs de la tour, et sa gueule prête, et les écailles de son corps.* » Il croit même entendre « *les borborygmes de ses entrailles* » (1329). Cette gueule redouble l'assaut dévorateur de la forêt contre la tour. Ou plus exactement, celle-ci, tout en s'opposant globalement à la forêt, se dédouble à son tour en un haut protecteur (où le père d'Angélique va chercher refuge) et un bas castrateur. Autre avatar du « trou noir », le firmament nocturne, perçu par Angélique comme « *le crible qui passe les hommes* », est appelé « *gouffre noir* » par le narrateur (1331).

la loi des batailles

le monde comme accumulation

Le monde selon Giono est une gigantesque *accumulation* d'êtres, un « *effroyable amas de matière vivante* » (Préface des *Vraies richesses* ; II, 352) ; monstruosité et démesure figurent parmi ses attributs consubstantiels. Les paysages d'*Angélique* en portent le sceau. Contenant la forêt-mer, « *des collines bleues s'entassaient autour de l'horizon* » (I^2, 1328). Le soir venu, « *l'ombre s'épaississait, déjà entassée dans les vallées* ». Nous retrouverons le symétrique de cette tendance à l'entassement forcené dans la psychologie et la politique de l'« avare » (contre-accumulation).

le mélange

Cet entassement n'est pas inerte : il est fait au contraire d'un grouillement inlassable, d'un brassage continu des éléments qui le composent, d'un mélange[15]. On se souvient que, dans l'orage, les pétales de la « *mer de roses* » (1355) du château de Suze étaient « *brassés par une force géante* ». « *Dans un tourbillon exaspéré,* [...] SE MÊLAIENT *des feuilles meurtries et des morceaux de fleurs* [...]. » Le « *tourbillon* », symbole féminin, vient nous rappeler utilement que ce brassage des formes (les fleurs), détruites aussitôt que nées, ne se produit pas seulement dans la « bouche » de la nature ; il est très exactement le fonctionnement de cette bouche, son mode d'être : un tourbillon à l'intérieur duquel toute forme s'engloutit pour se régénérer. Conséquence : « *Une énorme odeur fumait.* » C'est l'odeur puissante des transformations, l'odeur du monde *en travail.* Cette notation reviendra souvent chez Giono, par exemple, à l'autre bout de l'œuvre encore, dans ces lignes admirables d'*Ennemonde II* : « *Odeur de pourriture mais suave à l'esprit, comme l'odeur de champignon est suave au goût : une formidable odeur de naissance avant la forme, à l'heure où la vie mêlée à la mort a encore le droit de choisir ce qu'elle va devenir.* » (VI, 329).

la roue

Ce cycle des métamorphoses terrestres, Giono l'appelle volontiers la *roue* (ou la ronde). Le père d'Angélique dit : « [...] *j'ai avalé ma vie trop vite : la nuit poussait le jour et la roue tournait.* » (1330). Refusant de demeurer (comme le Père) à Saint-Restitut, Angélique décide : « *Ma ronde continue.* » (1331). C'est dire qu'il choisit, lui, de rentrer dans le mouvement de la « roue » du monde. Un peu plus tard, nous le voyons inciter Alain à « *se mêler à la ronde* » (1337). Comment le faire, toutefois, sans être dévoré ? C'est tout l'enjeu symbolique du récit.

les batailles, ou Éros et Thanatos

Au total, le monde est un conflit permanent de forces et de désirs ; les batailles sont la forme synthétique dans laquelle se formulent l'attraction des êtres individuels par la bouche de l'ogresse et la résistance (toujours vaine, au bout du compte) qu'ils lui opposent : un mixte de résistance et d'abandon. Davantage, puisque l'ogresse est l'image de la mère castratrice, on voit bien que ces « batailles » universelles se réduisent en dernière analyse aux rapports, conflictuels et amoureux, de l'élément mâle et de l'élément femelle : la bataille est la loi ultime d'un monde où tout individu séparé (et, de ce fait, symboliquement, mâle) a beau se débattre, il finit par céder à l'attirance mortelle de la Mère, de sorte que se perpétue le cycle vie-mort-vie. Deux passages du texte en administrent la preuve. On se souvient du « combat » entre la forêt (maternelle) et la tour (phallique) de Saint-Restitut (voir p. 15) ; or dans le détail de ses modalités aussi, cette bataille présente des formes fortement sexualisées : « *Une lambrusque échevelée nouait son pied nerveux comme un serpent aux poutres des galeries et pénétrait dans la place par une fente ogivale.* » (1328). D'autre part, au déjeuner en plein air pris à Montségur sont servis « [*d*]*es poissons frits, dont la peau semblait des armures de cuivre bosselées par les coups et roussies* PAR LA BATAILLE, [*et qui*] *bayaient, l'œil terne* » (1339). Le poisson est un symbole phallique : « *Parmi les symboles sexuels masculins* [...], *nous citerons les* reptiles *et les* poissons. » (p. 140[11]). En outre, ces poissons occupent une position textuelle significative, entre les « *nids rouges* » (1339) des tomates vidées puis garnies d'aliments hachés, et une salade d'herbes « *coupées en dents de scie* » déjà mentionnée. Il est donc clair qu'ici la « bataille » où les poissons ont péri est un rapport amoureux avec l'ogresse. L'amour, chez Giono, est une initiation à la mort entendue comme « obéissance » à la loi des métamorphoses.

Nous ferons observer pour finir que le motif de la bouche est, en bonne logique, étroitement lié à celui des batailles. Les convives qui festoient au château de Suze sont des guerriers. Leurs figures en témoignent : « [...] *suintantes de joies,* [*elles*] *attestaient la vigueur des anciennes batailles par des rondelles de cuir noir qui, parfois, leur bouchaient un œil.* » (1339). Or certaines portent « *de longues balafres effilées qui bayaient, rouges comme des bouches* » (1367). C'est que, pour Giono, la participation aux « batailles » permet aux hommes qui s'y livrent de se conformer à la loi fondamentale du monde naturel qui est celle des contradictions, des transformations violentes et irrépressibles, et de l'universelle métamorphose, ainsi que nous l'avons indiqué une première fois à propos de la mer (située du reste sur le même axe paradigmatique que la bouche). Les blessures-bouches qui marquent cette participation sont donc le gage symbolique que ces individus s'intègrent au fonctionnement de la grande « bouche » du monde : d'où les « *joies* » (ce terme chez Giono sanctionne un accord avec le monde). Aussi bien ne parlent-elles pas. Car nous verrons que la parole humaine est au contraire, en son principe, un effort pour se dérober à l'attraction mortelle (à moins que, justement, on ne s'adonne aux batailles (voir p. 102)) de la bouche de la nature ogresse.

les batailles sociales

Précisément, une des données capitales que le récit, en commençant, se propose à lui-même comme autant de problèmes à résoudre, c'est l'existence massive de batailles sociales, au sens très large où elles appartiennent en propre aux hommes et à leurs relations entre eux, et non plus au fonctionnement naturel du monde. Certes, ces conflits n'ont encore aucun caractère politique. Mais, d'œuvre en œuvre, ils se reproduiront avec une constance significative et prendront surtout une dimension de plus en plus « sociale », au sens cette fois restreint et moderne du mot : il s'agira toujours plus de conflits d'intérêts et de classes[16] aux implications politiques. Dans *Angélique* cependant, tout se passe comme si les « batailles » étaient encore entièrement investies et accaparées par la seule rivalité œdipienne entre fils et pères. Dès les premières pages donc, la fiction est envahie par des luttes. Elles ont toutes pour cadre l'*en bas*, c'est-à-dire les vallées. Car, structuralement, les luttes humaines sont analogues à ces « batailles » que nous avons définies comme la principale modalité de la mer, de la forêt, bref, du monde élémentaire. Autrement dit, les contradictions, les conflits sont déjà ici l'essence de la société comme ils sont l'essence du monde. De fait, à peine débarqués, Angélique et son père ont pour premier souci de traverser le pays « *sans être inquiétés* » (1323). Car dans « *la sombre vallée* [...] *les trois tours pétillent de colère* » (1324) : les trois frères ennemis de Saint-Paul se font une guerre sans merci. Il faut éviter d'emprunter le chemin, explique le père : « *Les charbonniers vont descendre, et aussi les hommes de chasse, garçon, et ton stylet est plus court que leurs flèches.* » Question d'Angélique : « *Pourquoi se battent-ils à Saint-Paul?* » Et le père d'expliquer qu'à la mort de l'évêque, ses nombreux bâtards entrèrent en rivalité : « *Là-dessus la guerre s'alluma, on se battit dans les rues de famille à famille.* » (1325). En vérité, la bataille est générale : « *On brûle aussi, là-bas, et l'on tue. Chaque mort fait germer des joies.* » Plus tard, Angélique s'étonnera que Montségur demeure intact « *au milieu de la dévastation du pays; une ruée de gens d'armes et ces rêveurs seraient culbutés* » (1341-2). On se souvient d'ailleurs que le château de Suze est aussi l'origine d'expéditions belliqueuses. Le premier homme qu'Angélique et Alain y rencontreront sera « [*u*]*n guerrier, en tenue de bataille* » (1353).

Or, de même que le monde-mère est l'objet, de la part de l'individu, d'un désir de fusion (combattu, certes, par la tendance à préserver son intégrité), de même les batailles sociales, en dépit des périls évidents auxquels elles exposent, sont créditées d'irremplaçables vertus. On aura noté qu'elles ont la faculté de faire « *germer des joies* » (1325)[17]. Effet paradoxal qui tient à ce qu'elles ouvrent la voie au *mélange* : dans la salle où ripaillent les guerriers de Suze, « [*c*]*e n'était d'abord qu'une fumée bleue flottante, dans laquelle couraient et se mêlaient les criailleries de cent voix diverses* » (1366). Signalons en passant un autre facteur humain de mélange, que les romans suivants développeront : le *travail* au sein d'une collectivité. Le village de Montségur est ainsi décrit : « *Les bruits du travail, les voix de femmes et les piailleries d'enfants faisaient un ronron* MÊLÉ *et confus, au milieu duquel le marteau d'un forgeron sonnait.* » (1335).

Voilà donc ébauchée par le texte une piste pour régler la question primordiale de l'assouvissement de la Force interne. Plutôt qu'une piste, une amorce. Car la solution qui s'impose d'abord au dilemme fusion dans le monde *vs* conservation de l'individualité, *comme au début de chaque roman de Giono*, c'est fuir loin de l'en bas des batailles (des deux sortes), c'est *la désertion dans les hauteurs.* Mais les batailles, refoulées, resurgiront à l'autre bout du récit. Il est vrai que le texte s'attache aussi, en ce début, à dénoncer une impasse, qui consiste en un certain type d'utilisation de la force, en une modalité incomplète et stérile des batailles (illustrée, comme on verra, par le thème des frères ennemis). Autrement dit, *Angélique* récuse deux voies opposées (mais en discutant surtout la seconde, longuement) : les batailles aveugles (sans prolongement dans la sphère des formes) où l'individu se détruit ; et le repli loin des batailles qui s'avère, de plusieurs manières, un crime. Ainsi se dessine, d'étape en étape, la nécessité d'un compromis.

la dialectique de la fleur

le symbolisme de la fleur

Nous n'avons pas recensé moins de vingt occurrences du mot *fleur*, ou de noms de fleurs, sans compter les deux noms de personnages, Angélique et Ixia, qui sont des noms de fleurs. Par sa fréquence et la place centrale qu'il occupe dans la problématique du roman, le motif de la fleur s'avère capital. Si le jeune Giono y a recouru si résolument, c'est qu'il aura pressenti que la *bivalence dialectique* de ce motif lui permettrait d'exprimer une de ses intuitions les plus décisives. En effet, nous allons montrer que la fleur est d'une part un symbole féminin qui résume, en quelque sorte, tous les autres, et donc une nouvelle figuration de la « bouche » du monde comme réceptacle et réservoir des forces ; d'autre part, métaphore de l'expression par cette bouche des forces dans des formes. À la fois la matrice et son produit. Au fond, la fleur emprunte sa bivalence à la bouche, laquelle est simultanément et indissociablement *ce qui dévore et ce qui parle.*

Précisément, pour Giono, il n'y a pas, dans le monde du moins, de solution de continuité entre forces et formes. Le mode d'existence des forces est de se diffuser, de transformer de proche en proche tout ce qu'elles animent ; les forces sont des *rapports* dynamiques entre des termes instables, des formes en mouvement : c'est le mouvement même des formes. Or le symbolisme propre de la fleur lui vaut d'être à l'articulation de ces deux faces inséparables du réel. Elle est la bouche-mère, le foyer des forces en train de se propager dans des formes mobiles : dans des efflorescences.

la fleur-bouche

La fleur donc appartient au paradigme de l'ogresse. L'aconit

« *fleuri*[*t*] *d'une cloche bleu sombre* » (1340) ; ses « *feuilles dentées* » et vénéneuses font bien de cette plante une fleur-bouche mortelle (voir p. 19). On trouve dans les îles Majorques de « *grandes fleurs profondes,* ROUGES COMME DES BOUCHES, *et qui meurent tous les soirs pour renaître plus belles le matin* » (1359) : elles participent donc du grand cycle vie-mort-vie, ou plutôt elles en sont la source.

À ce titre, la fleur est un symbole féminin : « *Boutons et fleurs désignent les organes génitaux féminins* » (p. 143[11]). Les deux histoires emboîtées d'Elme et d'Ixia attestent la présence de ce symbolisme dans le texte gionien. Pour des raisons qu'il conviendra d'analyser plus tard, l'une et l'autre de ces femmes sont frappées d'un châtiment spécial : « [...] *tapie sous son ventre, elle* [Ixia] *avait, à la place de son sexe, une fleur d'or monstrueuse et dure.* » (1364). La substitution de la fleur au sexe révèle la nature sexuelle de la fleur[18]. Un autre passage d'ailleurs semble le confirmer. Évoquant son passé, le père d'Angélique dit avoir « *vu passer la reine Mathilde dans une galerie du château* [*de Saint-Restitut*], *d'où l'on sentait les fleurs de la serre. Longtemps après que le nuage d'or escortant la sainte femme eut disparu, son parfum à elle rôdait encore, étouffant celui des roses* » (1330). Ce château est celui de Glube, dont nous montrerons qu'il est le propre père de cet homme ; la reine est, comme on sait, une figure universelle de la Mère. Or il est dit que son parfum à elle (c'est l'*odor di femina*) l'emporte sur celui des fleurs. Les deux termes de la comparaison s'éclairent alors l'un par l'autre.

fleurs : les formes où s'expriment les forces

En vertu de la bivalence analysée plus haut, les fleurs sont aussi les formes produites dans le creuset du monde en un jaillissement et un renouvellement continus. Description de la forêt-mer : « *Les vagues s'enflaient, se creusaient, et ren-*

voyaient parfois à leur crête une écume de fleurs parasites [...]. » (1328). On ne saurait mieux suggérer le statut des fleurs-formes : production et prolongement du monde-mère (« *les vagues* ») se manifestant au niveau de la superstructure (« *à leur crête* »), elles sont, par rapport à lui, inessentielles (« *parasites* »), insubstantielles (connotation d'« *écume* »). En outre, si la vraie couleur du monde des forces est le noir aveugle de la nuit élémentaire, les fleurs-formes sont blanches (couleur de l'« *écume* »), le blanc étant comme un accident, un pli provisoire du noir venu faire trois petits tours dans la sphère fragile du visible. Les exemples que voici le confirment. Ainsi, dans le jardin du château de Suze, « *montait la barrière des broussailles serrées et crépues* [motif de la chevelure], *criblées de fleurs blanches et où tressaillaient des familles d'oiseaux* » (1354). La structure est ici parfaitement semblable, avec l'étoilement de la forêt-chevelure par les « *fleurs blanches* » qui sont de surcroît associées aux oiseaux. Ceux-ci sont régulièrement donnés chez Giono comme un des truchements privilégiés par lesquels s'exprime, ainsi qu'on va le voir, le « chant du monde ». De nouveau blancheur des fleurs sur le fond noir de l'eau : « [...] *l'eau, près du château, était noire, avec les seules taches des coupes blanches des fleurs où s'attarde encore un peu de lumière.* » (1365).

La fleur figure en effet l'expression spontanée et irrépressible de toute force. C'est ainsi que le « sang », support métaphorique, nous l'avons dit, de la Force individuelle, tend à dilater son dynamisme dans la fleur. Séduite par Angélique, Elme s'émerveille : « [...] *c'est la première fois que* "*chéri*" *monte de mon cœur, pareil à une fleur de mon sang, épanouie hors de ma bouche.* » (1365). Phrase exemplaire : par un glissement métonymique qui en dit long sur leur complémentarité dialectique, la bouche-fleur convertit la force (le sang) dont elle est l'affleurement, à la fois dévorateur (Elme, on le verra, est une ogresse) et, si l'on ose dire, émetteur, en une fleur-forme, et cette conversion (cette émission) s'effectue naturellement dans ce mouvement du bas vers le haut (« *monte* ») qui est d'une façon générale celui de l'expression des forces dans les formes.

Mais celles-ci sont par nature éphémères, puisque précisément l'image de la bouche gloutonne ne signifie rien d'autre, en dernière analyse, que le retour inlassable des formes dans le creuset des forces où elles sont brassées, détruites et régénérées afin que soient produites des formes neuves. Cette alchimie splendide et cruelle s'accompagne d'une odeur puissante qui est exactement l'odeur du monde comme travail et métamorphose (voir p. 21) : « *Une épaisse odeur de poussière abattue, de* FLEURS ÉCRASÉES, *et de saine verdeur envahissait les narines.* » (1351).

la fleur qui chante

Parce que la fleur est métaphore de la propension de la bouche du monde (de la fleur-bouche) à s'exprimer dans des formes (à convertir sa puissance monstrueuse de dévoration en puissance d'expression), cette fleur-là parle et chante. Angélique dit avoir écouté, avec Sampierro, « *la voix mystérieuse des fleurs* » (1342). Le même Sampierro songe « *aux lointaines randonnées d'où l'on revient, les mains pleines de fleurs mystérieuses qui chantent à la lune* » (1343).

Or si la fleur se prête particulièrement bien, par la cohérence de son symbolisme propre, à métaphoriser le *chant du monde* tout en rappelant le lien dialectique qui l'unit à la bouche-mère, cette parole mélodieuse et multiple du monde émane, bien entendu, de toutes les incarnations élémentaires de la Force :

fleuve : « *Un chant grave sortait de son lit.* » (1321).
jour : « [...] *la voix du fleuve disparaissait dans le chant continu du jour.* » (1323).

forêt : « [...] *des voix mystérieuses parlaient dans les ramures.* » (1324) ; à l'aube « *la forêt chante* » (1337).
mer : les îles Majorques, « *l'éternelle chanson de l'eau les berce* » (1359).

la fleur d'or

Giono appelle « fleur d'or » *le mécanisme global de conversion-expression de la Force dans des formes en devenir.* Le passage suivant le fait clairement apparaître. Cependant, nous retrouverons ce motif clé dans des situations où sa valeur est modifiée, quasi renversée (la fleur d'or devenant une forme durcie, bloquée) en vertu d'un processus de rétaliation.

La « *coupole de la nuit* » (1331) s'arrondit au-dessus d'Angélique et de son père : « *Du gouffre noir, une fleur d'or tomba, striant l'ombre d'une queue de lumière. Et Angélique, ayant vu, ferma les yeux.* [§] *Seul, dans la nuit, le grand pin chantait...* ».

Le « *gouffre noir* » (1331) est la matrice, la bouche de laquelle jaillit la « *fleur d'or* », c'est-à-dire, au-delà de la dénotation de la métaphore (étoile filante), l'expression naturelle et harmonieuse du monde-mère. Sans doute l'or connote-t-il la réussite, l'aisance heureuse de l'expression. Il en va de même dans ce surnom de personnages ultérieurs où la « bouche d'or » présente une signification très voisine. On le rencontre dans un des essais de titre pour *Angiolina*, « *Saint-Jean Bouche d'Or* » (voir notice d'*Angiolina / La Toison* ; I, 1302) ; c'est aussi celui d'Antonio, un des protagonistes du *Chant du monde* (voir II, 198).

Mais le choix du syntagme *fleur d'or* dans *Angélique* s'explique sans doute également par le fait que, si l'or est un symbole d'excellence, le mot peut connoter la dureté inaltérable, de sorte qu'il convient très bien aussi pour signifier la solidification des formes qui constituera tout ensemble la faute et le châtiment d'Ixia (et d'Elme).

Remarquons d'autre part que la troisième phrase citée à l'instant répète sous une autre forme la structure de la conversion de la Force en chant : la « *nuit* » (I^2, 1331) reproduit le « *gouffre noir* »; quant au « *grand pin* » chanteur, il est superposable à la fleur d'or, l'arbre ayant chez Giono, du fait de ses deux composantes distinctes et solidaires (racines et feuillage), un symbolisme analogue à celui de la fleur[19].

la sirène ou la dialectique de la fleur-bouche

Les deux propriétés de la fleur en entraînent une troisième. Comme image de la « bouche » du monde, elle est le lieu où, selon un cycle continuel, les formes sont dévorées et émises en un « chant », métaphore euphorique de la roue des métamorphoses. Or cette roue en mouvement attire et *fascine*, puisqu'elle est la réalisation (mortelle, certes) de ce que la Force individuelle désire, à savoir l'immersion dans la mouvance du monde, l'intégration dans la chaîne des métamorphoses. On peut lire dans *Batailles dans la montagne* un passage où le narrateur décrit longuement l'impression d'attirance vertigineuse qu'éprouvent Saint-Jean et Marie dans leur ascension le long de la montagne de Verneresse, face au vide au fond duquel tout le pays tourne comme une roue. Rarement Giono a exprimé avec autant d'acuité ce *vertige de la perte* qui est au cœur de son œuvre. Nous citons ici un bref fragment d'un ensemble qu'il faudrait relire tout entier : « *Le vide s'ouvrit brusquement devant eux, arrondissant en bas comme une roue de plumes de paon. L'air du gouffre était gluant* [...]. *Il tirait vers lui.* » (II, 1087). Le texte évoque encore « *ce halètement de gouffre,* [...] *ce déploiement de la roue de plumes qui essayait de fasciner et d'éblouir* » (1088).

C'est pourquoi le « chant » des fleurs est entendu comme un appel; il envoûte et séduit. Aussi la fleur est-elle assimilée à une *sirène*. Image parfaite puisque la sirène, métonyme de la mer (contenu pour contenant), symbole de la Mère castratrice, attire par son chant irrésistible et entraîne chacun à sa perte. Dans les îles Majorques poussent « *les grandes fleurs profondes, rouges comme des bouches, et qui meurent tous les soirs pour renaître plus belles le matin, et qui sont fées, enlaçant les hommes de muettes incantations* » (I², 1359). Motif obsédant qui revient dans « Jeux ou la Naumachie ». Comme sur le bassin final de *Naissance de l'Odyssée*, un bateau minuscule s'approche dangereusement d'une « *scabieuse qui, penchée, trempe dans l'eau sa fleur-sirène dont le parfum étouffe la force des marins* » (*L'Eau vive*; III, 121). Nous dirons plus tard pourquoi l'approche d'Ixia trônant sur son bateau fait mourir les sirènes, « *des femmes à queue de poisson, superbement belles, et qui chantaient* » (I², 1363); mais il est clair que ces sirènes-là ont la même valeur que les fleurs qui chantent.

C'est ainsi que *se boucle la structure du monde-mère* tel que le conçoit Giono : une bouche-fleur qui, en dévorant toutes les manifestations individuelles de la vie, émet un « chant » (la fleur-forme), lequel n'est autre que la roue des formes inlassablement englouties et produites, et ce chant des formes appelle, séduit et attire les individus dans le tourbillon qui les dévore. On voit que la dialectique de la fleur rend parfaitement compte de cette structure.

la terreur

Appelé par la bouche du monde-mère, aspiré par le vertige de sa roue, l'individu éprouve cependant une « terreur panique » devant la perspective de son anéantissement. Et comme ce Tout originel est maternel, la menace est d'abord celle d'une castration. Soit que, dans la logique œdipienne, le désir pour la Mère se heurte à un interdit; soit que le phallus ne constitue qu'un pli éphémère et tragique (car hanté du « dur désir de durer ») de l'indifférencié élémentaire ; soit enfin que, dans une perspective plus immédiatement gionienne, l'individu répugne à se plier à la loi inhumaine des métamorphoses : à n'être qu'une forme contingente perdue dans un mouvement qui la dépasse. Du reste, ces trois hypothèses ne sont que trois formulations différentes d'une seule et même explication. Nous avons déjà, chemin faisant, signalé dans le texte de nombreuses marques symboliques de castration : eau chargée d'herbes inquiétantes, bouche dentée de la « mer », de la forêt (dans son agression contre la tour de Saint-Restitut), poissons tués dans la « bataille », etc..

D'où la terreur, fréquemment mentionnée : « *Une onde de terreur émanait de cette végétation crispée.* » (1324). L'ombre « *était prête à bondir pour étrangler, dans ses doigts de terreur, les pâtres attardés et les voyageurs perdus* » (1328). Auprès de la « *gueule noire* » (1354) de la porte de Suze, Angélique et Alain restent pétrifiés : « *D'incompréhensibles terreurs planaient sur eux.* »

Après en avoir longuement analysé les termes, nous pouvons de nouveau résumer ainsi la contradiction qui fonde le roman comme l'œuvre tout entière : l'individu désire par-dessus tout se mêler au monde-mère, mais l'éventualité de sa disparition le terrifie. Quel dispositif permettra de concilier les deux exigences : fusion et survie ? *Angélique* n'est pas autre chose que la recherche d'un tel compromis à travers une série de cas de figures différents qui constituent autant de tests.

III

EXPRESSION DE LA FORCE INTERNE

le débouché du désir

La Force interne (individuelle) est donc prise dans une contradiction : tel est toujours son statut *a priori* chez Giono, et c'est bien sûr la source du tragique gionien. Or ce problème peut se formuler en termes de physique des forces. La force du désir est par définition expansive, centrifuge ; elle tend à franchir les limites étroites imposées à l'être par son individuation, ce que Giono appelle parfois les « *barrières de la peau* »[20]. Le lieu où elle aspire naturellement à se perdre est le monde-mère ; mais c'est au prix de l'effacement de l'individu.

Alors il faut, de toute nécessité, offrir à cette force un réceptacle autre, un débouché de substitution dans lequel elle puisse se dilater mais impunément, mais sans se perdre. Cette structure de reconversion de la force est véritablement à la base de tous les textes de Giono. S'il écrit, c'est exactement pour mettre au point cette structure, et chaque texte inlassablement se repose le problème et réinvente une nouvelle mise en œuvre de la structure. Mieux, s'il écrit, c'est pour actualiser la structure, pour la faire tourner. Car, s'il faut le dire, son ultime actualisation réside toujours en dernière instance dans l'élaboration par l'écriture d'un pseudo-monde où le désir puisse « circuler » sans se perdre. Mais, si cette machine est effective dès la première œuvre, elle ne sera ouvertement et délibérément thématisée (elle l'est, dans l'intervalle, sur le seul mode de l'allusion ou de l'allégorie, par exemple dans *Batailles dans la montagne*[21]), c'est-à-dire assumée par le récit comme son sujet même, que dans *Noé*[22].

Le modèle de cette structure de reconversion est fourni par le monde lui-même. C'est lui que nous avons analysé à travers le motif de la fleur : toute force se convertit en formes. Il faut toutefois insister dès maintenant sur le fait que, dans le monde, comme nous l'avons montré, ces formes sont mobiles, mouvantes, changeantes, passagères. Or la tragédie, c'est que l'esprit humain, selon Giono, fonctionne comme une sorte de cancérisation de la structure. Au lieu de rester organiquement solidaires de la Force et d'être régénérées par le désir, les formes écloses dans l'esprit y acquièrent une *autonomie* maladive, et alors elles prolifèrent, se développant pour elles-mêmes, de plus en plus loin de leurs racines matérielles[23]. Ce sont, comme *Angélique* va nous en administrer bientôt la preuve grâce au personnage d'Alain, des fleurs maladives. En outre, l'esprit est avide de permanence, il vise l'immuabilité des essences ; il voudrait *que sa joie demeure*. Or la joie pour Giono résulte du sentiment de participer aux métamorphoses, de la conscience de la solidarité vivante des formes et des forces. Donc, contradiction.

dialectique de la bouche humaine

Toutefois, pour l'instant, il est seulement question du mécanisme que la Force individuelle emprunte aux forces du monde, pour la simple raison qu'elle est elle-même, à l'origine, une force parmi les autres, donc relevant du même mode de fonctionnement. Et l'on retrouve dans l'individu la dialectique analysée à propos de la « fleur-bouche » dans le monde.

Elle peut s'énoncer comme suit. La bouche est, en l'être humain, la trace symbolique de son appartenance au monde-mère comme « bouche » universelle ; ce point a d'ailleurs été déjà envisagé à travers le cas exemplaire d'Angélique (voir p. 8). Elle est la béance qui l'apparente à la béance originelle. Ainsi, l'individu porte en lui le principe qui le voue à la perte. On sait que ce principe se formule aussi par le biais de l'image de la « mer » intérieure (voir p. 8). Mais précisément, pour ne pas céder à cette impulsion en soi qui le précipite vers la « bouche » maternelle, l'homme en convertit la force centrifuge en une expression de la force ; par un renversement dialectique qui lui permet de sacrifier à l'épanchement de la force tout en demeurant clos sur lui-même, donc en récupérant cet élan, *il inverse en lui la bouche dévoratrice en une bouche expressive : en une parole.* Autrement dit, il *court-circuite* en quelque sorte le processus qui, normalement (naturellement), devrait le défaire, lui, *pli* provisoire de la Force universelle, en le replongeant dans le magma primordial, dans la bouche matricielle pour qu'il contribue à produire ce chant général qui naît, en cette bouche, du cycle des métamorphoses ; il le court-circuite en obligeant la Force qui à travers lui passe à se déployer dans les formes personnelles (la parole) d'un vase clos : *d'un circuit fermé.*

Et comme la force interne est aussi mer intérieure, la parole qui l'exprime et la canalise sera souvent comparée, dans les œuvres suivantes (notamment *Naissance de l'Odyssée* et *Colline*), à une fontaine.

On verra même quelques *orgueilleux*, des personnages habités par le désir prométhéen de rivaliser avec le monde destructeur en le battant, pour ainsi dire, sur son propre terrain, hausser d'un cran le défi qu'ils lui lancent et franchir une nouvelle étape dialectique, en rendant à la bouche, la leur, sa fonction dévoratrice ; mais alors ce n'est plus eux-mêmes, bien sûr, qu'elle dévore, mais les autres, et le réel tout entier (dans les cas d'extrême démesure). Ces personnages sont des *avares*. Manger au lieu d'être mangés, tel est leur programme. Il fait d'eux des ogres et des ogresses, comme le monde. Ce programme est une des solutions testées par *Angélique*. Il sera analysé en son temps.

l'inexprimable

Cependant le texte ne se fait pas faute de rappeler que la parole humaine est perpétuellement menacée d'une régression vers la bouche-mère, d'une absorption par cette origine dont elle prétendait fuir l'appel néantissant. L'effort humain pour convertir le vertige de la perte en une parole qui en récupère l'énergie pour la stocker dans la sphère individuelle, demeure fragile.

Cela est particulièrement net dans l'épisode de la rencontre d'Angélique avec Elme, la « *reine* » (1352 sq.) : la Mère, l'ogresse. Parmi les nombreux signes de cette nature symbolique d'Elme, relevons ici que sa « *bouche était large, et les coins disparaissaient dans deux fossettes du velours de la joue* » (1356) ; Angélique est fasciné par sa beauté. Une seule issue, donc : « la chanter », c'est-à-dire en convertir l'attraction fatale (comme celle de la sirène) en formes, en chant. Mais Angélique est venu trop près, il a joué avec le feu, et la structure de conversion, manquant de puissance, ne marche plus : « *Alors, les lèvres d'Angélique frémirent encore une fois* SANS QU'UNE PAROLE SORTÎT *et, toute sa volonté* BUE *par le spectacle magnifique, il s'abattit* SANS FORCE *dans l'attitude du suppliant.* » Cette phrase confirme la valeur opératoire de la dialectique de la bouche. La « force » d'Angélique est impuissante à se libérer en paroles : rien ne sort de sa bouche; en revanche, la bouche de l'ogresse (Elme jouant ici, on verra comment et pourquoi, le rôle du monde), homologue externe de la bouche-en-soi, parce qu'elle exerce une force d'attraction plus puissante, aspire le désir d'Angélique (cf. la métaphore *bue*). Effectivement, donc, l'attraction mortelle de la bouche-qui-dévore et l'expression dans des formes par la bouche-qui-chante sont deux traitements d'une seule et même force, mais orientée, mais tirée chaque fois dans un sens opposé.

Autre exemple. Alain s'en revient du fossé depuis lequel il a épié la conversation entre Elme et Angélique. Il est capturé par les hommes d'Elme : « [...] *dès qu'il fut entré dans le gosier d'ombre, des bras le saisirent, et une dure main s'appliqua sur sa bouche, et on l'entraîna dans l'escalier.* » (1365). Même jeu ici de vases communicants : avalé par « *le gosier d'ombre* » (nous disions la bouche d'ombre), Alain est privé de l'usage de « *sa bouche* », qu'une main hostile vient fermer; le voilà interdit de parole. Une bouche, là encore, l'emporte sur l'autre.

Pareillement, dans la situation précédente, la bouche d'Angélique est obturée par le baiser vorace des lèvres d'Elme, conclusion logique du processus d'attraction : « *Et quand il fut près, elle l'attira brusquement sur elle et écrasa ses belles lèvres sur sa bouche, longuement.* » (1356). Le résultat est net : privée de débouché dans les formes, la force individuelle est ramenée brutalement à son destin initial, l'absorption par la Mère; parce qu'elle ne peut plus « s'exprimer », la force ne peut plus que se perdre. D'où la terreur, littéralement *inexprimable* : « *Quand Angélique se redressa, il avait* UNE INEXPRIMABLE HORREUR *sur son visage* [...]. » (1356-7). Perdu pour perdu, « *il courut* S'ENGLOUTIR *dans l'ombre* » (1357).

Toutefois, en dehors de ces cas limites qui révèlent la précarité du système, la structure de la conversion remplit son rôle. Avec une remarquable clarté, plusieurs passages du roman en explicitent le mécanisme.

L'aconit, fleuron du paradigme de la fleur-bouche mortelle, a déjà été évoqué. Voici ce qu'ajoute à son sujet Sampierro : « *Les agnelles qui la broutent mettent au jour des diables bleuâtres, mais les cardelines qui boivent la rosée dans sa coupe chantent mieux.* » (1340). Admirable figuration allégorique du mécanisme : le chant intègre et déploie dans son registre propre (celui des formes) le contenu de la « *coupe* » (noter la contamination métonymique coupe-bouche de la fleur / bec de l'oiseau) figurant la bouche mortifère du monde. Mieux, la qualité du chant est fonction de sa capacité à s'alimenter à elle. Justement, on se souvient que telle est la pierre d'achoppement du « chant » humain (voir p. 36).

Le chant (celui de « *la chasse d'Elme* » (1347)) sert d'exutoire au père d'Elme assailli par la peur. Car « *les peureux chantent, la nuit, quand ils sont seuls, pour cacher la terreur panique* ». Terreur panique : c'est donc du monde qu'il a peur. Pourquoi ? Parce que, apprend-on en lisant son histoire, il a perdu Elme, sa fille, sa « *grande fleur* » (1348) : la forme qui recueillait, prolongeait et préservait sa force (voir p. 41). Le chant (qui joue la même fonction structurale que la fleur-forme) tente de compenser ce débouché manquant.

On retrouve encore la structure de conversion de la force individuelle en chant dans ce passage où Angélique est mis en présence de la fatale beauté d'Elme. Il lui déclare : « *Et jamais nous n'aurons* MIEUX CHANTÉ, *car tu es la plus belle et la plus grande* [...]. » (1356). Même formule qu'à propos de l'aconit, tout à l'heure (« *chantent mieux* » (1340)), et même structure, exactement superposable : le chant consiste dans l'inversion de la direction initiale du désir. Cependant, on n'a pas oublié qu'Angélique succombe à la séduction trop forte d'Elme, et qu'alors la machine s'enraye.

Un mot sur un motif conjoint, fort discret dans *Angélique*, mais qui prendra ensuite beaucoup d'ampleur : celui des *images*, autre manifestation de la catégorie générale des formes. Dans son cachot obscur, Alain passe en revue les « images » des événements qui l'ont conduit là, puis s'endort. « *Au réveil,* [...] *il n'eut plus d'images dans la tête.* » L'ombre, en effet, les dévore : « *L'ombre, lentement,* MANGEAIT *ses nerfs, posait ses griffes sur son crâne et l'étouffait de toute son épaisse toison.* » (1366). Dès lors, l'« *impérieux besoin d'images, comme un chat cruel, jouait avec la pensée d'Alain, car les souples illusions habitent les ténèbres* ». Une fois de plus, on voit s'opposer les deux tendances inverses : la bouche d'ombre qui annule les formes et le « *besoin d'images* » qui pousse à les préserver.

la fleur personnelle

la fleur, expression de la force individuelle

Conformément, toujours, au modèle offert par le monde, et la restriction posée plus haut étant acquise, l'expansion du désir humain dans les formes se traduit par la métaphore de la fleur[24]. Précisons ce que nous écrivions à l'instant des rapports du père d'Elme avec sa fille. Celle-ci, donc, est pour lui sa « *grande fleur* » (1348). L'idée est détaillée plus loin : « *Et j'avais fait, avec mon sang, un beau lys, ma petite Elme, ma joie. Et l'on m'a volé ma joie. J'avais de ma chair pétrie fait le parfum* [...]. » (1350). La fleur-forme est l'expression de la force du sang. Voler au père sa fille-fleur, c'est bien priver sa force de débouché, et le laisser sans autre défense contre le monde qu'un chant fragile, de surcroît ambigu.

un dispositif contre-nature

Car ce chant, tel qu'il a été défini, est une construction *contre-nature* de « l'avarice », au lieu que le prolongement du « sang » paternel dans sa progéniture est la forme humaine la plus naturelle que puisse prendre l'inscription de l'individu dans le cycle des transformations. Pour preuve ce passage très significatif du *Bout de la route* où Rosine conjure Jean le désespéré de reprendre sa place dans la roue de la vie en faisant des enfants :

> Ça c'est la nourriture du bonheur, mon gars, quand on a établi sa vie ronde comme un cercle de roue. Alors, mon petit, on peut parler de la mort. Et ça devient beau à mesure qu'on s'avance. On la voit bleue comme le ciel. Tes enfants sont de chaque côté de toi. Ils te portent. Le grand monde qui a fini de toi t'accompagne doucement, et tu passes la porte, déjà prêt à la résurrection des choses.[25]

Aussi ce chant risque-t-il de se retourner contre son auteur, comme tout dispositif avaricieux. Il faudra bien sûr revenir sur cet aspect essentiel de la stratégie gionienne pour survivre dans le monde.

l'initiation aux formes

« *Fioriture.* n.f. *(*[...] *ital.* fioritura*, rac.* fiore*, fleur)* [...] — Par ext. *V.* Ornement. *Les fioritures d'un dessin, d'un motif décoratif, d'un paraphe.* » (*Le Robert*). Après qu'Angélique a convaincu Alain de quitter Montségur où il s'étiole, une proclamation avisant les féaux du départ du maître est placardée sur la porte du château : « *Elle avait été écrite par Degli Uberti, et c'était un beau morceau de fioriture. Angélique la lisait. Il apprécia qu'une grande force sorte aussi de sa tête,* *puisque c'était surtout son œuvre.* » (1343). Allusion à l'intimité dans laquelle Degli Uberti vit avec les vieux livres, qui faisait dire à Angélique : « [...] *j'ai compris la grande force qui gîtait dans cette folle cervelle.* » (1341). Voilà encore un passage exemplaire du point de vue qui nous occupe. La « *grande force* » interne, dont la vocation est de « *sortir de la tête* », le fait en produisant les belles formes d'une « *fioriture* » (d'une fleur) où elle se recueille. Là encore, nous le montrerons, l'artifice est dangereux. Mais il fallait que, au cours de son itinéraire, *Angélique fût initié à l'existence et aux pouvoirs des formes comme instrument nécessaire — mais non suffisant — pour échapper à la perte.*

la fleur entière

Dans l'énorme roseraie de Suze en proie à l'orage, les fleurs déchiquetées symbolisaient, on s'en souvient, les formes brassées par la roue des métamorphoses (voir p. 20-1) et redistribuées dans une composition nouvelle : « *Dans les arbres, des roses coupées et portées par la bourrasque restaient accrochées, les couvrant de* FLORAISONS INATTENDUES. » (1355).

Justement, l'individu s'efforce d'échapper à une telle annulation en fabriquant un espace autonome où ses formes resteront intactes. Ce programme typique de l'avarice se laisse lire dans l'allégorie suivante : « *Dans un tourbillon exaspéré, où se mêlaient des feuilles meurtries et des morceaux de fleurs, une rose entière s'élevait majestueusement vers le ciel.* » (1355). La « *rose entière* » est ce paquet de formes intactes. Mais l'adjectif *entier* a chez Giono une forte connotation sexuelle; l'expression « cheval entier », par exemple, est récurrente dans son œuvre — et pour cause. Ici, la « *rose entière* » et son mouvement ascensionnel constituent une réaction à la menace de castration que recèle l'en bas dévorateur, le « *tourbillon* ».

Il faut donc insister sur l'association capitale entre destruction des formes (métamorphoses) et castration ; et par conséquent entre la sauvegarde des formes personnelles visée par les diverses stratégies de l'avarice et la volonté de parvenir à une domination sexuelle du type paternel sur le monde-mère. (Partant, il faut admettre que la conversion du désir en parole et en chant a un caractère phallique.) Cela permettra de mieux comprendre la nature et la portée des rapports très particuliers que les fils entretiennent avec les pères dans ce récit.

symbolisme de l'ambivalence sexuelle d'Angélique

Il est maintenant possible de réexaminer cette question à la lumière des analyses qui précèdent. Nous avions avancé que la bouche féminine d'Angélique signalait la présence en lui de la bouche-mère, c'est-à-dire d'un principe de fusion dans le monde-mère, de perte (voir p. 8). L'épigraphe empruntée à *Moll Flanders*, où la narratrice explique que son compagnon : « *ne sut jamais que je n'étais pas un homme* » (1321) suggère d'emblée que le protagoniste du roman de Giono ne serait pas non plus ce qu'il paraît être. Mais c'est aussi un leurre : en vain on chercherait dans le texte confirmation d'un déguisement romanesque de jeune fille en homme, *topos* littéraire parodié avec brio par Mark Twain dans un de ses contes[26]. Ses autres traits féminins (longs cheveux bouclés, visage d'un « *ovale gracieux* », peau « *fraîche et rose* » (1322)) sont physiquement neutralisés par « *un buste viril* ». En outre, son père, sans témoins, l'appelle « *mon fils* ». En vérité, l'ambiguïté qui s'attache à son sexe est toute symbolique, comme l'indique son prénom de femme, emprunté à sa mère (1356).

En une intuition remarquable de ce qui deviendra la principale ligne de force de son œuvre, Giono énonce dès son premier livre l'idée suivante, par-delà le trompe-l'œil de ce cliché romanesque, en un raccourci lumineux : il y a dans tout être humain — le cas d'Angélique ayant manifestement valeur universelle — coprésence et conflit de deux tendances : celle qui consiste à s'abolir comme être séparé dans le réel maternel ; celle qui pousse à conserver à tout prix son intégrité, par une domination (phallique) du monde-mère. La perte et l'avarice.

Le texte présente une nouvelle féminisation du personnage qui confirme cette interprétation. Farinata, sauvé d'un chien agressif par Angélique, s'extasie : « [...] CETTE BELLE PLANTE *chasse le féroce* [*chien*] *et m'annonce qu'*ELLE *danse, chante et joue de la flûte.* » (1332). Une belle plante qui chante : on reconnaît ici la fleur qui chante, soit précisément le symbole de la conversion de la bouche féminine dans soi en une parole, forme par laquelle le désir tente de se soustraire à la dévoration par cette bouche, et par conséquent excroissance phallique, si l'on peut dire. Parole phallique : un nouveau progrès de l'analyse nous porterait au point où l'avarice, toujours pour échapper à la « bouche » castratrice de la Mère, combine d'utiliser la parole comme instrument de *fécondation*, mais dans une relation qui ferait précisément l'économie de la Mère et de son piège. Ainsi, Angélique renonce à demeurer auprès de son père dans les hauteurs de Saint-Restitut, songeant que cela signifierait « [*p*]*lus de danses et plus de flûtes, plus de soupirs et plus d'émoi qu'on est fier de jeter avec* LES GRAINES DES PAROLES DANS LES CHANSONS, *de château en château* » (1331). Noter que quelques pages plus haut, il était question d'un ecclésiastique paillard ayant ensemencé les familles avec « *de la* GRAINE *d'évêque* », c'est-à-dire de père : ainsi tout « fils », engagé dans le défi œdipien, entreprend-il de jouer les pères « à blanc », autrement dit dans le champ des seules formes, où l'acte de substitution pense éviter le châtiment.

IV

LA POSITION DOMINANTE DU PÈRE

le repli dans les hauteurs du Père

La nécessité de mettre la force individuelle du désir à l'abri, outre qu'elle détermine la structure générale de conversion de la force, prend toujours la forme d'un *repli dans les hauteurs*, puisque la « bouche » castratrice est par nature en bas. Ce mouvement présente deux caractéristiques permanentes : *a*) il se produit *au début de chaque roman* de Giono, même si sa manifestation y est parfois discrète ; *b*) il est *d'abord* le fait du Père (d'un personnage assumant la figure symbolique du Père). C'est que le Père est, par définition, celui qui échappe à l'emprise terrible de la Mère-ogresse ; davantage, celui qui la domine. Ainsi, en réponse au dilemme inaugural que nous avons mis en évidence (fusion *vs* conservation), un modèle paternel est d'emblée proposé au héros de la quête : s'installer sur une éminence depuis laquelle on domine le monde destructeur. Mais c'est ne répondre qu'à une seule des deux exigences. C'est pourquoi le repli paternel dans les hauteurs s'accompagne toujours d'une stratégie particulière permettant *quand même* de satisfaire à l'autre, celle de la perte.

Le père d'Angélique, première incarnation gionienne de la

figure, illustre tout à fait ce schème. Pourtant, tout père fut d'abord un fils, et ce personnage n'échappe évidemment pas à la loi. Jusqu'à ce qu'il soit en sécurité sur les hauteurs, il encourt le sort qui pèse sur le fils, être castré et se perdre dans la Nature. On se souvient du piège que constituait, pour le « père » comme pour son fils, l'eau chargée d'herbes. En outre, le premier sent la mort sur lui : « *Mes forces coulent de moi comme d'un vase fêlé la liqueur.* » (1322). Image qui nous rappelle la béance intérieure que symbolise ailleurs la bouche et dans laquelle la force individuelle risque de s'engloutir.

À divers indices, on s'aperçoit qu'il est *le fils de Glube*, le « *châtelain* » de Saint-Restitut (1325). Il connaît parfaitement le château : « *Oui, je connais le donjon; là-haut, il y a les vases et les tuyaux de Glube, et son coffre de papier, et une petite guérite de bois qui me conviendra pour la nuit, car ici, c'est trop grand.* » (1330). Jadis, il a bien connu Glube : « *Aimable, un homme aimable, vraiment. Il était bien vieux quand j'étais jeune* [...]. » (1323-4). Rapport que reproduit la différence d'âge entre Angélique et son père (et entre Giono lui-même et son propre père qui, comme l'écrivain l'a souvent souligné, avait cinquante ans de plus que lui). Et comme Angélique croit « *cette terre sans héritiers* » (1325), il le reprend : « *Sans héritiers... sans héritiers... tu crois, garçon?* » Il est en effet bien placé pour savoir qu'il n'en est rien. Enfin, il se fait passer pour Glube, en tablant sur sa ressemblance avec lui et sur la crainte qu'il inspirait de son vivant : « *L'on a respecté Glube, le châtelain d'ici, avant sa mort, parce qu'on le croyait allié aux ténébreuses puissances.* » Lorsque donc le père et le fils croisent le chemin d'un inquiétant cavalier, il suffit au père de se dresser et de prendre une posture jupitérienne pour faire fuir l'intrus, qui a cru voir le fantôme de Glube : « *Et ce fut rapide comme une apparition de Dieu. Le vieillard redressa sa longue figure : des phosphorescences luisaient dans ses yeux, et, muet, son bras dans la direction de Saint-Paul, il pointa un index rigide comme un ordre.* » (1327).

Ainsi ce personnage a-t-il, dans sa jeunesse, laissé régner son père dans le château des hauteurs (transparent emblème paternel : il suffit de songer aux contes, ou au roman de Kafka), et il est parti courir le monde, tout à fait comme Angélique s'apprête maintenant à le faire, avec l'espoir de conquérir ainsi plus tard le droit de devenir, à son tour, un père jouissant du privilège de dominer le monde-mère. Mais tous les fils ne sont pas aussi dociles qu'Angélique (ou son père), et le roman dit la tentation de s'emparer de la place du Père, et les périls auxquels elle expose.

la désertion

Suivi de son fils, il fuit la vallée dans laquelle règnent, menaçantes, les images maternelles (forêt, mer, nuit, etc.) et, au terme d'une laborieuse ascension, se réfugie sur le plateau où s'élève le château de Saint-Restitut. Le donjon de celui-ci à son tour se scinde en un bas dévorateur (la « *bouche noire* » (1328) de la porte) et un étage, « *là-haut* » (1330), où le père vivra désormais (voir p. 20). Au total : « *Saint-Restitut me convient ; ce soir, je m'installerai là-haut.* » (1326).

Ce faisant, il *déserte*, et inaugure la série des personnages de déserteurs qui vont peupler les romans futurs. En effet, l'en bas est le lieu des batailles (voir p. 20sq.), entendons des métamorphoses. C'est à elles, précisément, que le désir cherche à se soustraire. Mais aussi aux batailles sociales, en tant qu'elles participent de la même structure que les autres et soumettent ceux qui s'y engagent à la violence des contradictions (voir p. 23-4). Le père décide : « *Si le côté de Saint-Paul* [« *la sombre vallée* » où les frères ennemis se battent] *s'allume, nous monterons à Saint-Restitut l'amène.* » (1324).

Chez Giono, monter dans les hauteurs, c'est toujours, selon la logique même de la structuration symbolique de l'espace dans son œuvre, déserter.

la domination

Qu'on ne s'y trompe pas cependant, déserter n'est nullement capituler, mais bien éviter une défaite à la force individuelle et manœuvrer en recul pour s'assurer une position depuis laquelle on *dominera* le monde.

D'abord parce que la hauteur, on vient de le voir, est le territoire emblématique du Père. D'ailleurs, il s'y trouve chaque fois un château, et la succession des châteaux dans le récit : Saint-Restitut, Montségur, Suze (sans compter « *le pic de Rourkhâ* » (1360)), tous situés sur une éminence, correspond à l'essai de diverses techniques pour s'emparer de la position du Père et ainsi satisfaire comme lui aux deux exigences contradictoires, si faire se peut. Plus encore que le château, le donjon ou la tour symbolisent la puissance (phallique) paternelle. Tout fils aspire à se l'approprier : c'est le *b a ba* de l'œdipe. Ainsi, à la mort de l'évêque, leur père, « [*t*]*rois brutaux s'emparèrent des donjons* » (1325). Angélique, lui, respecte le droit de son père sur la tour de Saint-Restitut. Mais Émeric de Suze, autre fils œdipien, a fait une tentative, à la mort de Glube[27], pour « *prendre possession du donjon solitaire* »; en vain, car « *Glube ne se laisse pas déposséder* ». Plus loin, alors qu'Angélique est encore sous le coup du baiser castrateur d'Elme, se lit la volonté d'une revanche; du haut d'une tour de Suze, Angélique et Alain domineront la « *mer* » (mère) (1357) : « *On leur avait dévolu une haute échauguette perchée sur* UNE TOUR QUI DOMINAIT *l'escarpement du rocher, et la vue portait sur une immensité de pays qui, coupé de bandes de brume et de nuages bas, paraissait* UNE MER. »

Deuxième facteur de domination, justement : depuis son

perchoir, le déserteur *voit*, observe, épie[28] la tragédie cosmique (et sociale) qui se joue interminablement dans l'en bas, mais *sans lui.* On vient de lire comment Angélique et Alain contemplent *de loin* le mouvement du monde-mer. Les trois frères de Saint-Paul ont adopté le même dispositif : ils « *ont fait raser les chênes, là-bas, pour se surveiller de plus près* » (1323). Alain aussi dans son château, jusqu'à ce qu'Angélique vienne l'en arracher : « *Monseigneur, il n'est pas bon de* VOIR LA VIE D'UNE LUNETTE *sans jamais se mêler à la ronde* [...]. » (1337) ; il faut y rentrer. Alors, ce « *n'est plus* PAR UNE BRÈCHE QU'ON REGARDE, *on est en plein dans la vie comme un nageur dans le fleuve* ». Ixia, quant à elle, sera censée regarder, sans sourciller, depuis le rebord du « tourbillon » (éminence marine), le spectacle de son père dévoré au fond par le monstre ; image directe de cette dévoration générale en quoi consiste la métamorphose ininterrompue qu'est le monde, donnée à contempler à l'avare. Même schéma obsédant : Farinata dit avoir découvert que le monde est « *une grosse bête suave* » (1332) et dévoratrice, « *un matin où* [*il*] *regardai*[*t*] *le pays du haut de la tour* » (1333).

les stratégies de l'avarice

le théâtre

Car c'est bien d'avarice qu'il s'agit. Le trait le plus distinctif de l'avare, c'est précisément qu'il assouvit *indirectement* son désir de mélange, de participation aux métamorphoses. Cette médiation capitale s'effectue selon des modalités très diverses que nous étudierons. Mais la plus simple, la première est celle-là : le *théâtre*, le théâtre sacrificiel où le spectateur-avare jouit de la perte *par victime interposée.* Il lui délègue le soin d'éprouver dans sa chair la « dévoration » (dénominateur commun de toutes les destructions de formes) cependant que lui apaise son désir de fusion en en contemplant la réalisation indirecte[29].

le contre-monde

Refusant de dilapider son désir dans le monde, l'avare en stocke l'énergie en lui-même, dans son esprit : « *L'avare a tout, jusqu'à son sexe, dans le cerveau* »[30]. Il réalise ainsi une *contre-accumulation* de formes (représentations, souvenirs, rêves, etc.) qui tend à constituer, face au monde comme accumulation de forces (voir p. 20) où l'individu devrait se perdre, un contre-monde dans lequel le désir peut s'aventurer indéfiniment, obéissant ainsi, en un sens, à sa vocation centrifuge, mais sans risque, puisque ce monde-là reste intérieur à lui-même[31]. Ainsi, l'avare ne domine pas seulement le monde qui sans cela l'anéantirait, il le *possède* puisqu'il accomplit en lui-même un entassement qui mime le monstrueux monde réel. Le programme que se fixe le père d'Angélique au moment de se replier à Saint-Restitut illustre bien cet aspect décisif de la stratégie de l'avare :

> Trop de souvenirs se sont ENTASSÉS dans ma poitrine. Les réalités ne valent pas les rêves et je veux finir ma vie en ruminant. Le temps de l'action est mort, mon fils. [...] Un monde impalpable nous entoure, que seules les âmes sensibles perçoivent. MA CERVELLE distille de là un bonheur qui tombe goutte à goutte. [...] tout s'est cristallisé dans mon âme. CE MONDE EST À MOI, si j'ai la sagesse de rester seul [...]. (1326)

manger vs *être mangé*

Il se propose de « ruminer » ce qu'il a accumulé. Cette métaphore ébauche l'articulation du motif de l'ogre (humain) au thème de l'avarice, telle qu'elle s'affirmera avec les deux personnages d'Elme et d'Ixia. Pour l'instant, il n'est question pour le père que de « dévorer » symboliquement sa propre substance : « *Telle une couleuvre qui suce un lièvre, j'ai avalé ma vie trop vite : la nuit poussait le jour et la roue tournait.* GONFLÉ, JE VAIS DIGÉRER *au soleil et revoir tout cela maintenant.* » (1330). Mais il suffit que s'enclenche déjà le mécanisme qui permet à l'avare, dès lors qu'il s'est constitué en (contre-)monde, de s'arroger victorieusement le pouvoir du monde le plus redoutable : la dévoration. Manger au lieu d'être mangé : telle est l'ambition de l'avare.

Toutefois, elle n'exclut nullement le recours à d'autres dispositifs. Ceux-ci, comme elle, sont autant d'actualisations distinctes mais complémentaires de la structure de base de l'avarice : la *perte indirecte.* En l'espace de quelques pages, on voit le père d'Angélique mettre en œuvre trois de ces dispositifs (ce qui nous rappelle que ce premier livre est un laboratoire où l'écrivain les invente et les teste) : la cruauté; l'amour pour l'Absente; la jouissance du mélange par fils interposé.

la cruauté

La cruauté est un des moyens dont se sert l'avarice pour arriver à ses fins. En réalité, elle n'est que l'élément principal de ce que nous avons appelé le théâtre sacrificiel chez Giono. Son principe est le suivant : puisque la force n'a de cesse qu'elle ne se soit libérée de l'enveloppe individuelle pour se répandre au dehors, et puisque le sang est le vecteur de cette force, la perte indirecte consistera à regarder couler le sang d'un autre, la victime, quitte à se transformer en sacrificateur. Ce mécanisme de la cruauté est présent, peu ou prou, dans tous les livres de Giono, mais deux romans l'ont élevé à la hauteur d'un admirable rituel tragique : *Un Roi sans divertissement* et *Deux cavaliers de l'orage.* Dans ce dernier, Marceau Jason explique avec un lyrisme passionné le fonctionnement de ce cruel théâtre du sang (« *Le sang est le plus beau théâtre* » (VI, 94)).

Avant de monter à Saint-Restitut, Angélique et son père s'installent pour manger « *dans un trou de sable à dix pas du ruisseau* » (I², 1326) qu'ils viennent de traverser. Un cavalier survient : « *Ils s'aplatirent dans le trou.* » (1327). Comme ils n'entendent plus rien, pour voir, d'un « *mouvement lent de reptile, Angélique s'éleva jusqu'à la lèvre du trou* ». Donc, le mot *lèvre* l'implique, ce « *trou* » est une bouche, et même un symbole féminin, comme le confirme le symbole masculin complémentaire du « *reptile* » : de toute évidence, il est question ici de l'objet du désir, la « *bouche* » du monde-mère. Mais s'y aventurer est mortel. D'où une première combinaison de l'avarice, variante de la perte indirecte : la relation *à distance* avec l'objet, à travers un substitut de l'objet (ce qui constitue une double distanciation). En effet, l'objet véritable du désir, nous en avons parlé, c'est le ruisseau chargé d'herbes dangereuses qu'ils ont franchi prudemment (voir p.17) : autre image de la « bouche ». S'installer dans ce trou « *à dix pas du ruisseau* » (1326), c'est donc bien jouir à distance de l'objet, sans risque.

Deuxième combinaison. Le cavalier, lui, s'est engagé avec son cheval dans l'eau du ruisseau. Nouvelle mention des herbes : « *Derrière lui l'eau troublée se striait de bandes rousses, des débris d'herbes flottaient lentement.* » (1327). Le voilà donc dans la « bouche ». Le châtiment œdipien est automatique. Apparition immédiate du Père (« *Dieu* ») et « terreur » : « *Et ce fut rapide comme une apparition de Dieu. Le vieillard redressa sa longue figure : des phosphorescences luisaient dans ses yeux, et, muet, son bras dans la direction de Saint-Paul, il pointa son index rigide comme un ordre.* » Symboliquement, le cavalier paye sa faute de sa perte. Son sang s'échappe par la « bouche » intérieure à l'appel de laquelle il a cédé : « *Le cavalier, tendu de toutes ses forces, était devenu pâle comme si son sang s'était vidé d'un énorme trou.* » D'ailleurs, juste après, le texte dit bien que l'expression par la parole n'est pas parvenue, chez le cavalier, à inverser la tendance du sang à se perdre ; la bouche-béance interne (« *un énorme trou* ») l'a emporté sur la bouche-organe de l'expression, qui ne sait en effet pousser qu'un cri inarticulé : « *Un "hou ! hou !" lugubre sortant de sa bouche mettait seul un peu de vie dans son attitude lapidaire.* » Quant au Père, après s'être mis à l'abri de la « bouche », il jouit maintenant de la perte d'autrui. Résumons : le Père est dans un substitut du « trou » depuis lequel il inflige symboliquement un « trou » par lequel le sang de l'autre se perd, spectacle dont il se repaît à distance.

Tel est le scénario de la cruauté.

aimer l'Absente

On sait qu'à l'autre extrémité de sa production, dans *L'Iris de Suse*, Giono a créé un de ses personnages les plus fascinants, l'Absente. Ce personnage est l'aboutissement d'une longue série de variations autour de la structure de la perte indirecte. Il permet en effet à Tringlot d'atteindre l'objet du désir dans la forme même de son absence. Or il est frappant de constater que cette variante-là de la structure est déjà présente — sous une forme certes marginale, mais non sans netteté — dans *Angélique*.

Le père d'Angélique raconte avoir « vu passer » (1330) jadis, dans le château de Glube, son père, « *la reine Mathilde* » (la Mère) : « *Longtemps après que le nuage d'or escortant la sainte femme eut disparu, son parfum à elle rôdait encore, étouffant celui des roses.* [...] *Je ne donnerais pas une once pour revoir la reine, mais mon salut éternel, je le mettrais dans la balance pour sentir une dernière fois son parfum : voilà la vie.* »

Préférer le parfum de la Mère à sa présence, c'est la posséder impunément, par parfum interposé. En effet, le parfum a ceci de particulier qu'il dessine en creux, pour ainsi dire, l'être aimé, rendant sensible une certaine présence paradoxale de l'absente : à travers lui, on saisit l'objet, mais sur le mode de l'absence. Nouvelle trouvaille de l'avarice.

Un jalon sur le chemin qui mène de ce texte à l'Absente : l'« *odeur si belle* » (*Angelo*; IV, 71) de Pauline de Théus qu'Angelo perçoit avec ravissement dans le château (justement) de La Valette, propriété du marquis de Théus, l'époux de Pauline qui a l'âge d'être son père. Avant même de la voir, donc *en son absence*, Angelo respire son parfum. Il y découvre un monde, le substitut du monde-mère : « *Dans le monde que cette odeur représente, j'aurais de quoi vivre* [...]. »

la jouissance du mélange par fils interposé

Du haut du donjon où il s'est retranché, le père d'Angélique va utiliser son fils un peu comme l'avare utilise la victime dans le « théâtre de la cruauté ». Il lui délègue le soin de descendre dans l'en bas pour y faire l'épreuve, à sa place, de la fusion dans la « roue » des transformations. Voici les instructions qu'il donne à Angélique : « [...] *tu* DESCENDRAS DANS LES VALLÉES *et tu continueras notre vie autour de moi. Je sentirai ta douce présence dans les touffes de bruits qui s'élèvent jusqu'ici et je serai heureux.* [...] *Tu es un autre moi-même, cher garçon, et j'ai besoin de te savoir* MÊLÉ À LA VIE TERRESTRE. » (I², 1330). L'avare éprouve la perte, mais par procuration. Notons en outre que pointa ici un thème qui prendra, dans les œuvres futures, une importance majeure, celui du *Double*. « *Tu es un autre moi-même* », dit-il à son fils. Nous avons analysé ailleurs[32] le dispositif du double chez Giono. Bornons-nous donc à ceci : en se dotant d'un double (fils, frère, âme sœur), l'avare peut projeter sur lui son désir et donc l'y recueillir comme sur un miroir, puisque cet autre, c'est toujours lui-même. Il s'agit évidemment là d'une tactique supplémentaire de l'avarice, d'une forme nouvelle de la perte indirecte. Ici, elle se combine avec le dispositif du théâtre cruel. Nous allons la retrouver dans le couple formé par Angélique et Alain, mais d'abord par le biais du thème des frères ennemis.

En regard de l'exigence première de fusion dans le monde, deux données fondamentales ont donc été posées par le texte : *a*) nécessité d'une expression de la Force interne dans des formes pour éviter la dévoration ; *b*) stratégie avaricieuse du Père qui lui assure d'emblée une position dominante. Reste au Fils à adopter une conduite en fonction de ces deux données. Le problème se formule ainsi : comment s'élever à la place du Père et jouir de ses privilèges ?

Dès le début du roman, deux attitudes possibles pour le Fils sont envisagées et immédiatement récusées. Ces deux tests négatifs vont peser sur les autres solutions que le texte essaiera ensuite, et qui constituent la matière même de la fiction.

V

DEUX TENTATIVES AVORTÉES ET UNE ALTERNATIVE

les frères ennemis

Leur cas a déjà été abordé. À la mort de leur père, ils « *s'emparèrent des donjons* » (1325). Cependant, ils illustrent l'échec du mécanisme du double comme système de domination du monde-mère (comme, plus tard, le feront les frères Jason dans *Deux cavaliers de l'orage*). Résumons ce mécanisme, tel qu'on peut le reconstituer à partir de l'étude psychanalytique d'Otto Rank, « Le Double »[33] : pour fuir sa disparition dans l'amour sexuel, l'individu crée un reflet de lui-même (double, frère, matérialisation de l'âme immortelle). Mais le désir pour la Mère — et la mort — qui se trouve ainsi refoulé, se venge en inversant la valeur du double. Celui-ci se retourne en Diable, messager de la mort ; il prend volontiers la forme du *frère ennemi*.

C'est ce qui se produit dans ce passage d'*Angélique*. Si l'on veut bien dépasser l'anecdote pour atteindre la structure, voici à quoi l'on arrive : puisqu'il faut au(x) fils un équivalent des subterfuges du Père pour dominer sans risque la Mère, les fils de l'évêque ont adopté le dispositif du double. Mais, conformément au schème ci-dessus, il se retourne contre eux. Les frères s'entre-dévorent pour n'avoir pas accepté d'être dévorés par la Nature ogresse (loi du talion) : « *Trois brutaux s'emparèrent des donjons, des frères qui n'eurent plus que le désir de* SE MANGER *quand ils furent installés.* » (1325). Illustration parfaite du thème des « *frères ennemis* » (1323) ; mais surtout invalidation d'une des réalisations possibles de la structure de la perte indirecte. Pourtant, le double demeure un instrument de premier ordre pour échapper à la mort. Angélique va y recourir, et bien d'autres personnages après lui. Une leçon se dégage toutefois de l'histoire des trois frères : pour être viable, le dispositif du double doit être complété par quelque chose qui offre un débouché véritable à la Force, qui permette de se mêler malgré tout (malgré la nécessité de se conserver, que garantit le double) au monde. Quoi ? La suite du roman nous l'apprendra.

Au fait, pourquoi trois ? Les frères ennemis, d'ordinaire, sont deux (comme les jumeaux, variante exemplaire du mythe) : Abel et Caïn, Romulus et Rémus, etc.. Nous ne pouvons répondre à cette question que par une hypothèse. Ce nombre ne permet-il pas d'annoncer une combinaison structuralement comparable, celle des trois femmes impliquées dans le « *conte de la fleur d'or* » (1359) : Ixia, Elme — son modèle — et Rourkhâ ? On verra en tout cas que ce second trio se heurte à une même impasse, faute de débouché réel pour le désir.

un échec d'Émeric

Avant d'occuper le devant de la scène à la dernière page d'un livre inachevé qui s'apprêtait manifestement à lui conférer un rôle important, Émeric de Suze fait une première et rapide apparition comme candidat à la succession de Glube à la tête de Saint-Restitut. Nouveau fils ayant tenté de « *prendre possession du donjon solitaire* » (1325), il échoue, chassé par le fantôme de Glube. Pourquoi cet échec ? La comparaison de cet épisode avec la fin où Émeric s'affirme comme un guerrier dominateur, un « *chef* » (1368), permet de répondre : le Fils échoue ici pour avoir voulu *faire l'économie des batailles.* Inversement, c'est parce qu'il s'adonne aux batailles qu'à la fin il accède au rang du Père. Nouvelle leçon destinée à infléchir le comportement d'Angélique, prototype du Fils en quête d'un moyen efficace et durable de succéder au Père. Il est cependant impossible de décider jusqu'à quel point ce modèle des batailles (présenté sous une forme négative ici, positive là) était susceptible d'influencer Angélique dans sa quête, le roman s'interrompant précisément au moment où ce modèle s'offre à lui.

Deux solutions se trouvent ainsi invalidées dès le départ : le recours au double comme instrument unique de domination ; le non recours aux batailles.

Examinons comment se formule désormais le problème.

l'alternative

Sommé de laisser s'exprimer (au sens d'abord dynamique du terme) la Force de son désir et anxieux de ne pas la laisser se perdre ; confronté d'emblée au modèle paternel de satisfaction à ce double impératif (la perte indirecte depuis les hauteurs de l'avarice) ; averti par l'issue négative de deux précédents frappés d'insuffisance, le Fils se trouve placé, en ce point de l'expérience, c'est-à-dire du récit, où nous sommes parvenu (le moment où le père d'Angélique s'installe à Saint-Restitut et suppute les bénéfices qu'il va tirer de cette position), devant l'alternative suivante. Ou bien (c'est le cas d'Angélique) il respectera la position dominante du Père et se pliera à la mission qu'il lui confie en consentant à entrer, lui, en bas, dans le jeu périlleux des métamorphoses — les *modalités* de sa participation à ce jeu restant à définir. Ou bien il s'y refusera, ce qui le conduira à effectuer une transgression décisive.

En effet, la suite du récit est occupée par la répétition remarquable d'une même structure : on va voir le fils (ou la fille), dans son refus de se sacrifier, *changer de place avec le Père*. En deçà des « habillages » fictionnels différents de la structure dans chaque cas, celle-ci se laisse décrire ainsi : le Fils occupe la place du Père dans les hauteurs, et laisse du même coup ce dernier être dévoré par « la bête » du monde, c'est-à-dire par la Mère ogresse. Cette opération typiquement œdipienne se solde naturellement par une punition du Fils, punition qui revêt à chaque fois la forme métaphorique de la « fleur d'or ».

Ce schème est capital au cœur de l'univers romanesque de Giono. Il reste à le montrer à l'œuvre dans *Angélique*. Auparavant, on peut énoncer deux corollaires d'une grande conséquence : *a*) l'Avarice, qui revient à posséder impunément le monde-mère (à jouir indirectement de la perte), est l'*apanage du Père*; *b*) la désertion est *d'abord* le propre du Père, puisqu'il est précisément l'avare numéro un, celui qui répugne à se perdre, et que se perdre, c'est s'abandonner à la bataille générale qui compose le monde.

Le Fils par excellence, c'est bien entendu Angélique, le héros éponyme du livre. Au cours de son voyage initiatique, il va devoir opter entre les diverses solutions qui se présenteront à lui, au fil de ses rencontres. Il le dit lui-même : « [...] *je me sens balancé entre des attirances diverses.* » (1341).

VI

PREMIER MODÈLE
ALAIN À MONTSÉGUR

la transgression

l'île

Le château de Montségur, où végète Alain, est « *bâti sur une éminence* » (1333). Que Farinata et Angélique, en s'y rendant, l'aperçoivent d'abord « *en bas* », ne doit pas troubler ; au contraire, c'est logique. Tout se déroule désormais dans l'en bas, puisque Angélique, ayant quitté son père, a renoncé à se tenir comme lui sur la hauteur. Mais, une fois cela posé, il peut fort bien rencontrer sur sa route un fils qui a fait le choix inverse. Aussi bien Alain cantonné dans Montségur figure-t-il exactement *le sort qui aurait été celui d'Angélique s'il était demeuré à Saint-Restitut*. Par là déjà, Alain est son reflet : son double.

Comme la mer est la métaphore privilégiée du monde dévorateur, l'éminence de Montségur sera une *île*, lieu symbolique du retrait loin des batailles : « [...] *je ne comprends pas* [commente Angélique] *pourquoi,* SANS BATAILLE, *Montségur reste,* ÎLOT TRANQUILLE, *au milieu de la dévastation du pays* [...]. » (1341). Le château est donc aussi lieu d'isolement loin du mélange : « *Les sommets isolent* [...]. » (1332). Pour achever ce tableau clinique d'une avarice à vrai dire sans grandeur, il faut rappeler qu'Alain est dans la posture typique de l'espion qui, à l'abri de ses remparts, observe les convulsions de la vie et de la société, là-bas, au loin (voir p. 51).

la mort du Père

Sous le respect qu'Alain professe pour son père, le « *Comte Jean* » (1333)[34], perce à l'occasion un certain ressentiment. Le jeune homme se réjouit de manger en plein air, grâce à l'initiative d'Angélique, et non plus dans la sombre salle aux portraits de famille : « *Jusqu'à présent, nous mangions sous l'œil des morts, et ce n'est pas présence à aider la salive que celle de feu mon père, peint debout à son heure de gloire. Nous y sentions trop tout ce que nous avons perdu avec lui* [formule à double sens !], *et le souvenir de sa bonté disparue serrait ma gorge.* » (1339). À mots couverts, Alain livre la clé de son hostilité (inconsciente) vis-à-vis de son père : il l'empêchait de « manger », de jouir. Mû par ce sentiment, il a commis le meurtre symbolique du Père. Farinata évoque l'« *étroite rigole de pierre où il dort* » (1333). L'imprécision de la formule attire l'attention. Qu'est-ce à dire ? Ne serait-ce pas un sarcophage ? Giono emploiera le mot dans *Colline*[35]. Il désigne un cercueil de pierre et signifie, étymologiquement, « qui mange les chairs ». Ce point est essentiel. Il nous offre la première illustration de la structure décrite tout à l'heure : pour ne pas être « mangé » dans l'en bas des batailles, et pour accéder à son tour au droit de « manger », Alain a, symboliquement, donné son père à dévorer à l'ogresse. Ce schème recevra une confirmation éclatante dans l'histoire d'Ixia, qui le rendra tout à fait explicite.

un contre-monde de formes

Les hôtes de Montségur ont une particularité remarquable : ce sont des spécialistes des formes. Farinata apprend à Angélique que la terre est une « bête » pourvue d'une « bouche » monstrueuse (voir p. 19). Ce faisant, il lui découvre la faculté qu'a le langage poétique de constituer un contre-monde dans lequel on peut récupérer, en l'y transposant, toute la puissance d'appel de la « bouche » du monde mais sans la castration qui en est, dans le réel, la conséquence logique. C'est une initiation décisive : « [...] *ce parler est si nouveau qu'on ne peut s'empêcher d'y réfléchir.* » (1333).

Degli Uberti, lui, propose une variante de cet « *univers* » (1338) des formes. Passionné de manuscrits anciens, il en célèbre la calligraphie : « *Quel univers formidable ! Ces lignes chantent et parlent, tour à tour voluptueuses et terribles ; elles évoquent des croupes de femmes ou des pointes de sabres, s'arrondissent en forme de pêche, se creusent et se redoublent et s'entrelacent comme les mille sentiments divers d'un cœur d'homme.* » Les formes élaborent un *contre-monde* dans lequel la force du désir, détournée de son objet véritable (que ce contre-monde, précisément, décalque : « *croupes de femmes* », et «*pointes de sabres* » phalliques), s'exprime en un « chant » (« *Ces lignes chantent et parlent* [...]. »).

C'est tellement vrai que, quelques lignes plus haut, Angélique décrivait le monde réel où il veut entraîner Alain avec les mêmes mots (*univers, s'entrelacent*) que ceux que, maintenant, Degli Uberti applique aux livres : « *Regardez à vos pieds, dans l'herbe. Considérez ce monde noir, mystérieux, où les brins s'entrelacent. N'aimeriez-vous pas être ces insectes inconnus qui glissent et furètent dans cet univers ? Nous irons dans la forêt, là-bas.* » (1337-8). Univers de formes contre univers matériel : c'est tout le programme de l'avarice.

Le va-et-vient se poursuit entre les deux mondes, soulignant leur symétrie. À leur tour, les signes du livre prolifèrent en « *forêt* » (1341) : « *Les lettres* [...] *sinuaient dans une forêt délicate de fils et de fumées, répétées de mots en mots. Enfin, s'amoncelant au pied des pages, en cônes renversés et montant au long des marges en spirales, des* LAMBRUSQUES AU PIED NERVEUX [...] *saignaient.* » Cela nous renvoie à la forêt vivante qui attaquait la tour de Saint-Restitut, car de nouveau les termes sont les mêmes : « *Une lambrusque échevelée nouait son pied nerveux comme un serpent aux poutres des galeries* [...]. » (1328). Donc, le livre procure une forêt de substitution qui autorise le désir à circuler indéfiniment comme en la forêt-mère, mais sans s'y perdre.

Et puisque enfin le monde est un déluge (voir p. 13), ces formes que les habitants de Montségur font proliférer détermineront un *contre-déluge* comme font, dans *Noé*, les créations de l'écrivain : « *Ils s'agitent tous sans bruit, allant à leurs rêves particuliers comme si on les voyait* SE MOUVOIR DANS L'EAU. » (1338-9).

Nous avons déjà signalé l'importance de cette initiation d'Angélique aux formes (voir p. 43) comme exutoire du désir ; lui-même a conscience de s'être doté d'un atout précieux au contact des hôtes du château : « *Maintenant, je porte dans ma tête votre bienheureuse semence, ô mes maîtres.* » (1342). Grâce à eux, il a entrevu une part de « *la vérité* ». Cependant, il se rend compte aussi que, coupées de leur substrat matériel comme elles le sont à Montségur, ces formes se réduisent à des « *folies* ». Il craint que ces « *fous* » ne « [*lui cachent*] *le clair soleil* » (1341). C'est pourquoi il décide de repartir en emmenant avec lui Alain pour l'arracher à ce lieu où il s'atrophie et le soustraire au châtiment qui le menace.

la lèpre
S'il était resté avec son père à Saint-Restitut, Angélique était condamné à « *ne plus sentir la bourrasque de la vie, mais la lente moisissure et la respiration de la tombe* » (1331). Comme Alain est justement l'image du fils usurpant la place du Père dans les hauteurs, il est logique qu'il subisse, lui, cette « *moisissure* », première forme de la punition. Dans l'humide salle à manger de Montségur, le soleil parti, « *la sensation de fraîcheur se fit plus forte, et l'on sentit mieux la languide odeur de moisissure qui montait comme une fumée* » (1336). Motif voisin, la pourriture sanctionne le repli dans les hauteurs, selon un processus de rétaliation : celui qui a prétendu échapper à la décomposition universelle est puni par la décomposition. C'est ainsi que, sur les boiseries de la tour de Saint-Restitut, « *des grappes de champignons rouges pourrissaient* » (1328). Nous verrons bientôt la pensée d'Alain, le reclus, être atteinte d'une « *pourriture intérieure* » (1342).

Pourriture et moisissure semblent se conjuguer dans l'apparition d'une *lèpre* métaphorique. Le château de Montségur est « *entouré de chaumières, dont les toits de paille semblaient les croûtes verdâtres d'un mal* » (1333). Le mot d'ailleurs est employé plus loin : ces maisons sont qualifiées de « *basses et lépreuses* » (1335). Mais déjà Saint-Restitut était décrit comme « *une morne construction basse, couverte en vieux chaume noir, et dont les murs lépreux étaient crevés de lézardes* » (1328). Un matin, le temps s'assombrit et tourne à la pluie : « [...] *la grande lèpre grise montait dans le ciel, rongeant l'azur.* » (1344). La métaphore « *rongeant* » complète significativement celle de la lèpre : celle-ci monte manger les hôtes de Montségur coupables d'avoir fui la « bouche » du monde, en bas. Il y aurait beaucoup à dire sur ce motif de la lèpre, fortement récurrent chez Giono ; nous nous bornerons à un raccourci d'analyse. On sait que, dans *Que ma joie demeure*, Bobi définit la « *lèpre* », maladie morale, comme « *de l'amour sans emploi* » (II, 460). Autant dire le désir inassouvi et frustré de mélange avec le monde, de disparition dans la « bouche » du monde. Il est donc fort logique qu'ici la « lèpre », symboliquement, dévore[36], puisqu'elle vient châtier celui qui s'est dérobé à son désir d'être dévoré.

régression de la bouche chantante à la bouche en soi dévorante
Ce schème du talion, nous le retrouvons sous une forme d'une grande netteté dans le diagnostic que propose Angélique, après examen du cas d'Alain. Le passage est à citer tout entier :

> Alain a la vivifiante force dans son sang ; pour la réveiller, j'ai trouvé le moyen après lequel vous avez si longtemps couru. [...]
> Comme une eau tranquille où croissent de trop larges nénuphars se rouille de taches, s'assombrit et pue, la pensée de notre maître, surchargée des lourdes fleurs de vos esprits, est devenue un nid de fièvres maladives. Le sain sourire du soleil n'y brille plus, ou, s'il y joue parfois, ce n'est que pour faire à la surface torpide monter et crever les bulles de la pourriture intérieure. La claire cavalcade de nuages roses ne s'y reflète pas, le miroir glauque disparaît sous les larges feuilles, et demain ce sera un marais perfide où s'engloutiront les hommes. Laissez, laissez, la pensée d'Alain est telle. Mais, creusez un fossé, et faites courir l'onde ; oui, cette charogne contenait des chants de flûte, écoutez-les couler. (I², 1342)

Alain a cru pouvoir occuper la place du Père, en haut ; il a fui les batailles. Résultat : la Force individuelle (« *la vivifiante force dans son sang* » (1342)), *privée de débouché dans le réel*, de mer intérieure s'est dégradée en « *marais* » putride (voir p. 8) ; elle croupit. Le remède suggéré le dit assez clairement : il faudrait laisser couler cette eau en lui rendant une issue, faute de quoi elle est vouée à « *la pourriture* ». C'est donc tout le problème de l'expression de la Force interne qui est posé, de l'expression dans « *des chants* », selon le mécanisme décrit naguère (voir p. 40). Mais cette modalité, indispensable (comme précisément Angélique l'a appris des « fous » de Montségur), est insuffisante. Il faudra que ces chants soient *gagés sur une participation effective au mouvement du monde lui-même*; c'est pourquoi Angélique propose maintenant de s'aventurer dans l'en bas pour y chanter en voyageant (voir p. 74). Car le chant réduit à de pures formes, sans lien organique avec la bouche-mère, on sait déjà ce qu'il vaut : il contribue à enfermer l'individu en lui-même, il accélère le pourrissement de son être. La pensée d'Alain est « *surchargée des lourdes fleurs de vos esprits* » (1342), explique Angélique. Or ces fleurs-là, ce sont les pures formes dont les compagnons d'Alain sont les experts : des « *fleurs* » sans racines, des fleurs mentales, « *maladives* », artificielles parce que figées, bloquées, et non pas du tout brassées et régénérées comme ces roses de Suze emportées par l'orage permanent du monde. Ces « *lourdes fleurs* », inaptes au tourbillon, préfigurent la « fleur d'or » inverse (dure, pétrifiée) dont seront punies Ixia et Elme, mais dont Alain est déjà atteint (nous le montrerons dans un instant).

En outre, comme la Force ne s'exprime pas par une bouche qui en convertirait la pression en un chant (ce qui, du reste, répétons-le, ne suffirait pas encore à en distraire l'énergie), elle est rendue à son orientation première, c'est-à-dire qu'elle reflue vers la bouche dévoratrice qui la sollicite : cette bouche-en-soi homothétique de la bouche-mère. Le texte est là-dessus d'une rigueur impeccable. L'eau intérieure deviendra « *un marais perfide où s'engloutiront les hommes* » (1342) : image très juste où se combinent l'ogresse et la mer. De plus, l'eau est comparée à un « *nid* ». Trois pages auparavant ont été mentionnées les « *nids rouges* » (1339) de tomates vidées contenant « *des langues d'épinards* », image qui prépare celle des fleurs des Majorques, « *rouges comme des bouches* » (1359). Donc le « nid » figure la bouche. Enfin, ce « marais » rappelle de fort près le « *marais jaune* » avec ses « *nymphéas* » (ou nénuphars) dont les émanations faisaient dire à Farinata que « *la bête sue* » (1340). Ce qui nous renvoie au passage où le même personnage expliquait à Angélique que la terre est « *une grosse bête suave* » ayant pour gueule « *Un immense trou d'où mont*[*ent*] *des fumées* » (1332-3). Par là encore, le « marais » interne s'impose comme l'équivalent de la « bouche » castratrice du monde.

Remarquons pour finir que ce phénomène annonce, par les termes choisis pour sa formulation (« où s'engloutiront les hommes »), la transgression supérieure d'Elme et d'Ixia, autres avatars du rejeton œdipien, qui s'enhardiront, elles, jusqu'à « dévorer » le Père.

la fleur d'or

La punition était toutefois suspendue sur la tête d'Alain (c'est vraiment là le cas de le dire) dès la première apparition du personnage. Angélique, arrivant au château, l'aperçoit de loin : « *La herse était levée et la porte faisait dans le mur un trou d'or, car la cour où elle donnait resplendissait de lumière ; une silhouette grêle et noire s'y détachait, assise sur une borne.* [...] *Il était grand et maigre, mais la fleur de sa tête faisait oublier la tige* » (1335). Le « *trou* » de la porte rappelle celle de Saint-Restitut, « *bouche noire montrant les crocs de sa herse à moitié levée* » (1328). Ce trou, c'est la bouche de l'ogresse. La tête d'Alain se détache sur ce fond ; cette connexion métonymique signale une substitution : la tête remplace, chez ce personnage, la bouche-en-soi, précisément parce qu'il en a intégralement converti l'impulsion dans des formes, celles, on l'a vu, du livre, à l'instigation de son entourage ; or la tête est toujours, chez Giono, le lieu emblématique des formes, des représentations s'émancipant en une dangereuse autonomie (voir p. 36). La tête est donc métaphorisée en « *fleur* » (1335), puisque la fleur est aussi l'image de la conversion des forces en formes. Cette fleur émerge d'un « *trou d'or* ». Admirable symbole de cette conversion de la bouche-fleur-forces en fleur-formes. Mais l'or se communique — métonymiquement — à la fleur : la tête Alain est une fleur d'or. Il faut rappeler ici un point essentiel : si la fleur d'or figure, dans *Angélique*, le travail général de conversion des forces en formes, elle peut aussi, grâce à une sélection du sème de dureté dans le signifié du mot *or*, et comme le montre bien la mésaventure d'Ixia, symboliser le blocage catastrophique de ce processus de conversion dès lors que les formes cessent d'être solidaires des forces qui les ont créées (voir p. 30). Ce qui est justement le cas d'Alain, isolé sur son « îlot » des hauteurs, loin du mélange cosmique.

La suite du texte vient immédiatement confirmer cette analyse : « [...] *de beaux yeux noirs, doux et tristes, éclairaient son visage pâle autour duquel pleuraient des langues aiguës de cheveux bruns. La bouche mince et d'un dessin bien contourné, dans les coins s'abaissait un peu et son menton avait une fossette minuscule* [...]. » (1335). On se souvient que la chevelure est un symbole féminin, et s'inscrit donc dans le paradigme de la bouche-mère. Par une métaphore peu banale, les cheveux se muent ici en « *langues* » : cette étonnante *chevelure qui parle* constitue une nouvelle façon, complémentaire, de dire que la bouche désirante, en Alain, s'est atrophiée au profit d'une bouche parlante (ce qui est aux antipodes d'un équilibre harmonieux entre les deux). Notre interprétation trouvera confirmation dans l'analyse de l'extraordinaire dispositif de Rourkhâ, dont les cheveux émettent un chant.

L'atrophie de la force désirante, de la bouche-mère en soi, est encore signifiée par cette « *fossette minuscule* » (1335) du menton qui est son vestige, tandis que le « *dessin bien contourné* » de la bouche laisse suffisamment entendre que celle-ci appartient à la sphère des formes.

Mais Alain sera puni par où il a péché. Lui qui a fui la bouche-mère est menacé d'être mangé par elle. La « mer » intérieure soustraite à la circulation des fluides s'apprête à l'engloutir. Il explique ici qu'il a cherché Farinata jusque dans le grenier. Résultat : « [...] *mes cheveux pleins de toiles d'araignées me* DÉMANGENT » (1335). L'araignée possède une forte charge symbolique. Charles Baudoin insiste sur « *sa signification très primitive de symbole hideux de l'organe féminin* »[37]. Donc, la phrase appelle l'interprétation suivante : Alain s'est dérobé à la « bouche chevelue » ; mais voici que la chevelure boudée, prenant la forme redoutable de l'araignée, revient punir la tête coupable en la (dé)mangeant.

Le sort négatif d'Alain représente celui qui attendait Angélique s'il était resté à Saint-Restitut. L'impasse où se trouve son double (mais aussi la leçon qu'il tire de son initiation aux vertus des formes) va inciter Angélique à bâtir un programme qui lui permette de réussir (dans la quête des pouvoirs du Père) là où l'autre a échoué.

VII

LE PROGRAMME D'ANGÉLIQUE

Angélique et le Père

Loin de s'approprier la place du Père dans les hauteurs, Angélique, on l'a vu, consent à redescendre dans les vallées, permettant ainsi à l'avarice du Père de fonctionner. Loin de condamner celui-ci à être dévoré à sa place (comme a fait, symboliquement, Alain, et comme le feront Ixia et Elme), il se porte à son secours et l'arrache aux dents de « la bête ». Telle est en effet la signification du bref épisode au cours duquel le jeune homme, qui vient tout juste de quitter son père, sauve Farinata des morsures d'un chien. Farinata est incontestablement une figure de père : il est le père adoptif d'Alain. Angélique le débarrasse de « *la bête* » menaçante avec « *ses babines* [*retroussées*] *sur les crocs blancs* », c'est-à-dire tout bonnement de l'ogresse. Il le remercie : « *Jeune homme, j'eusse été dévoré sans vous.* » (1331). Pareille inversion d'un schème capital qui est, avec la dialectique de la fleur, au cœur de la problématique du livre, indique suffisamment l'écart séparant l'attitude d'Angélique vis-à-vis du Père de celle adoptée par les autres fils ou filles du roman.

Toutefois, cela ne signifie nullement qu'Angélique soit résigné à subir passivement l'anéantissement dans la chaîne des transformations. Au contraire, il s'efforce manifestement d'inventer une combinaison conciliant la participation au mélange vital et la sauvegarde de son individualité propre (chacun des deux éléments étant destiné à neutraliser les effets négatifs de l'autre), mais qui ne consiste pas pour autant en l'usurpation de la place du Père, usurpation dont le sort d'Alain montre déjà assez le danger. Ce type de combinaison, répétons-le, est dans l'œuvre de Giono l'objet d'une recherche toujours recommencée. Il est donc particulièrement intéressant d'examiner la forme qu'elle prend dans ce texte fondateur.

ébauche d'une combinaison

obéir à la loi du mélange et des batailles

Satisfaire à l'impératif de la participation au mélange universel, voilà ce qui manque aux hommes de Montségur. C'est donc en cela aussi que réside la principale modification apportée par Angélique à la stratégie des fils. Témoin « *le remède* » (1337) qu'il propose à Alain, coincé dans sa position de voyeur avare : « *Monseigneur, il n'est pas bon de voir la vie d'une lunette sans jamais se mêler à la ronde : c'est là justement que se trouve le remède à vos vapeurs noires* [...]. » L'objectif est clair : « *se mêler à la ronde* », se fondre dans la « roue » des métamorphoses. Le moyen? Celui-ci : « *Les marches, les longues marches dans les pays nouveaux où chaque pas est une découverte !* » Ainsi, l'individu se retrouve en mouvement dans un milieu en mouvement : *« Mobilis in mobili »[38]. Angélique énonce cet idéal en une formule typiquement gionienne : « *Ce n'est plus par une brèche qu'on regarde, on est en plein dans la vie comme un nageur dans un fleuve.* » Il s'agit d'être des voyageurs. On a ici à la fois l'origine et le fondement de ce thème de *l'errance* qui marquera profondément tous les livres de Giono.

Ce mouvement dans lequel rentrent les errants, on se souvient qu'il a pour moteur les batailles (alors qu'Alain s'étiolait à Montségur, « *sans bataille* » (1341)). De fait, Angélique se promet d'entraîner son compagnon « *aux rives bleues de l'horizon, où le ciel* BAT *la crête des collines* COMME UNE MER » (1343). Davantage, le modèle d'Émeric viendra dire la nécessité des batailles « sociales ».

Du coup, par la grâce de cette combinaison qui leur permet de *flirter avec la perte*, les deux fils pourront espérer triompher de l'enfermement dans le contre-monde des formes, si l'on en croit cette métaphore du jeu d'échecs qui intervient après leur départ :

> Votre tête, vos bras, vos jambes sont ici les pions, comme là-bas au château les os sculptés que vous poussiez sur la table quadrillée. La partie se joue, la grande, CELLE QUE LE JEU IMITE ! Un mouvement trop brusque, une course inopinément rapide, et nous perdrons la partie, mais l'orgueil légitime gonflera votre âme, Alain, si la combinaison issue de votre tête, rythmant vos actions et vos gestes, nous conduit à la victoire. (1345)

Flirter avec la perte, certes, mais non y succomber. D'où l'autre versant de la combinaison.

l'expression dans des formes en mouvement

La « force » d'Alain, prisonnière, dépérit et pourrit. Angélique veut lui restituer un débouché qui la mette en mesure de réintégrer le mouvement des forces. « *Mais, creusez un fossé, et faites* COURIR *l'onde ; oui, cette charogne contenait des chants de flûte, écoutez-les* COULER. » (1342). Expression de la Force individuelle dans des chants. Non plus dans de pures formes, bloquées (les « *lourdes fleurs* » de l'esprit), comme celles des livres de Montségur, mais dans les formes mobiles, vivantes du chant qui « coule ». Un chant qui accompagne la marche et en est, justement, l'expression permanente ; qui en garantit l'écho, la prise, la transcription, sans cesse revigorée, dans la sphère des formes : « *Nous irons au-delà des collines bleues, dans les châteaux inconnus, chanter et danser.* » (1337). Un chant qui, de ce fait, loin de se constituer par exclusion des « batailles », a pour fonction de les exprimer, de leur procurer un prolongement salvateur dans les formes : « *Que savez-vous faire? / — CHANTER LES GESTES DES GUERRIERS, et danser en suivant la flûte* » (1353).

En suggérant ce remède à son double, Angélique ne fait pas autre chose, finalement, qu'expliciter le fondement de sa propre pratique, à lui parti sur les chemins après avoir abandonné les hauteurs de l'avarice à son père : « [...] *je danse dans les châteaux et je chante les poèmes; je joue de la flûte aussi.* » (1332). Lui qui se définissait comme « *un danseur et un chanteur que le métier* ROULE *de donjon en donjon* » (1335). C'était esquisser l'idée capitale que la combinaison choisie par lui est le seul moyen pour le fils, une fois écarté le piège de l'usurpation directe du trône paternel, d'espérer avoir sa part du « donjon » et du « château ».

Pour revenir à Alain, n'oublions pas que sa force doit en effet s'épancher. Et que cet épanchement se traduit par l'émission d'un chant, sous deux formes métaphoriques convergentes. « Mer » intérieure, elle s'écoule en « *chants de flûte* » (1342), et cette parole deviendra dans les romans suivants (voir p. 37) celle d'une « fontaine » jaillissant de la bouche humaine. Toutefois, la conjonction de cette parole-fontaine avec l'errance lui permet d'être à l'unisson du chant du monde, au lieu que dans *Naissance de l'Odyssée* et dans *Colline*, la tentation renaissante de la désertion loin des batailles condamnera la parole d'Ulysse et celle de Janet à fabriquer un contre-monde tombant sous le coup du châtiment. Comme, d'autre part, le paradigme de la bouche-en-soi comprend, outre la mer, la fleur (la fleur-bouche), eh bien, cette fleur convertissant sa force d'attraction en chant mobile (programme d'Angélique) devient fleur-qui-chante : « *Les bergers viennent y boire et les saules majestueux, et les pinceaux des cyprès, et les herbes fines, et les fleurs naîtront de la blanche harmonie.* » (1342-3). Sans doute le motif n'est pas ici explicitement énoncé, mais il est présent dans la superposition de ces fleurs-là et des « *chants de flûte* » (1342). En outre, quelques lignes plus bas, le projet d'Angélique plonge Sampierro dans une rêverie où le motif de la fleur chantante apparaît cette fois très bien, et où il est clairement donné comme *le produit du voyage* : « [...] *il songeait aux lointaines randonnées d'où l'on revient, les mains pleines de fleurs mystérieuses qui chantent à la lune.* » (1343).

l'objectif du Fils

Enfin, une nouvelle image, celle de l'arbre, vient relayer cette dernière et préciser le bénéfice escompté par Angélique de sa combinaison : assurer à la domination conquise par les fils une assise solide qui la mette à l'abri de la punition réservée au fils usurpateur. À quelle condition ? Que « l'expression » du désir reste alimentée, encore une fois, par la matrice, qu'elle n'en soit point coupée. Il faut que la « fleur » (ou l'arbre, c'est tout un) demeure baignée par le courant qui lui donna naissance. Voyons le texte. Farinata avait comparé Montségur, du temps de sa gloire, « *à un bel arbre sous l'ombre duquel nous vivions. Mais le toit de feuilles est tombé, et maintenant il pleut sur nos casaques* » (1334). Angélique reprend maintenant l'image à son compte et il la renouvelle en la croisant avec sa propre comparaison de la force réveillée à un ruisseau libéré — et fécondant : « *Et quand nous reviendrons, le ruisseau coulant, au pied de l'arbre, messire Farinata, nous pourrons encore nous blottir sous son immense ramure* » (1343). Ainsi c'est clair : il s'agit de revenir au château du père et de s'y mettre à couvert des atteintes du monde-ogresse. Mais il faut d'abord consentir à *un détour par le monde.* Ce détour a pour fonction de fonder le droit des fils à partager les privilèges du Père dans leur participation effective au cours du monde (ils se retrempent sans cesse au « ruisseau » de leur désir dont le libre écoulement garantit en permanence la participation à la « mer » originelle), en se gardant de la dévoration par le monde grâce à la conversion de l'énergie puisée à ce mélange dans les formes mobiles d'un chant.

Grâce aussi au dispositif du Double, que nous allons envisager dans un instant.

Partager le pouvoir du Père? Voire. Le Fils est en réalité plus ambitieux. Car, pendant qu'il est au loin à courir le monde, se préparant un retour vainqueur, le Père meurt, et la place devient vacante. Ce scénario que le roman, s'il avait été achevé, aurait sans doute mené à son terme, a déjà été accompli en réduction (*en abyme*), le père d'Angélique tenant alors le rôle du Fils. Lui le premier il quitta jadis Saint-Restitut, l'abandonnant à Glube son père. Le premier, il eut recours au dispositif du Double ainsi qu'à la dialectique du chant et du voyage (en sa compagnie Angélique allait chantant de château en château). Et Glube, pendant ce temps-là, est mort : « *Il était bien vieux quand j'étais jeune et il n'y a plus de fumée à Saint-Restitut.* » (1324). Angélique recommence l'entreprise, avec Alain à ses côtés. Et ainsi de suite.

Grâce à cette stratégie, d'ailleurs, le Fils se fait fort de parvenir au résultat que le père entendait obtenir : la domination, la possession avaricieuse du monde depuis les hauteurs (rappelons qu'Angélique et Alain comptent bien revenir à Montségur). Allons par le monde, insiste Angélique, allons nous frotter à « *la forêt là-bas* » (1338). Car, à ce prix, tout « *ce pays, celui qui est à vous et celui qui est aux autres,* VOUS APPARTIENDRA ». Son père déjà disait : « *Ce monde est à moi, si j'ai la sagesse de rester seul* » (1326) sur l'éminence de Saint-Restitut.

le dispositif du Double

Pour éviter, au cours de son périple, l'anéantissement dans le monde-mère, Angélique dispose d'un autre atout que la conversion dans les formes du chant (et dans celles, mobiles par excellence, de la danse) : le dispositif du Double. Inutile d'en répéter ici la teneur (voir p. 56 et p. 59). Il suffit d'insister sur le fait que le couple Angélique-Alain met en œuvre ce dispositif. Ajoutons que celui-ci n'est, à tout prendre, qu'une variante de la structure de la conversion : l'individu préserve la « force » de son désir en lui donnant partiellement (puisque le but de l'opération consiste d'abord à hasarder ce désir aussi près que possible des figures de la matrice-où-l'on-se-perd : le monde, Elme, sans compter les autres termes que le récit aurait peut-être ajoutés à la série), en lui donnant partiellement pour objet cet autre lui-même qu'est le double. Autrement dit, avant d'« aimer » — puisqu'il s'agit du désir — le monde ou la Femme, le héros s'assure d'abord d'un objet narcissique où il pourra récupérer son désir comme en un miroir, à l'instar de l'« Homme libre » (ou du moins qui aspire à l'être, c'est-à-dire justement à aventurer son désir du côté de son origine : la mer/mère) du poème de Baudelaire, « *L'Homme et la mer* » : « *La mer est ton miroir, tu contemples ton âme / Dans le déroulement infini de sa lame* [...] »[39], la « *lame* » connotant la menace de castration qu'il s'agit d'éluder.

En outre, il convient de faire observer qu'un tel mécanisme reproduit en quelque sorte horizontalement, les deux jeunes hommes cheminant côte à côte dans l'en bas, celui qui permettait au Père, depuis sa hauteur, d'assouvir son désir de perte par fils interposé (voir p. 56).

On remarquera d'autre part que le prénom du double est inscrit dans celui d'Angélique : *AN*gé*LI*que. Il y a, certes, deux *A* dans Alain où l'initiale du premier prénom est ainsi redoublée, comme pour mettre en abyme (inconsciemment, sans doute), sur le plan de l'onomastique, ce mécanisme du Double. Nous le retrouverons bientôt dans le couple formé par Rourkhâ et Ixia.

VIII

DEUXIÈME MODÈLE (DOUBLE)

ELME ET IXIA

des filles

Ce qui distingue du précédent ce second modèle présenté à Angélique au cours de son cheminement initiatique, c'est qu'il explicite en l'actualisant dans les formes de la fiction une structure qui était seulement latente dans le premier. La dévoration du père d'Alain par « la bête » n'intervenait que comme une connotation fort indirecte de cette « *rigole de pierre* » (1333) dans laquelle nous avions décelé un sarcophage (voir p. 64). Angélique, quant à lui, s'en était remis au temps de le défaire d'un père qui, lui-même, s'était débarrassé de Glube de cette façon. En revanche, Ixia laisse littéralement son père être dévoré par la gueule du monstre marin. Elme en fait autant, symboliquement ; mais le rapprochement qu'effectue Angélique entre son attitude et celle d'Ixia (dont l'histoire était précisément destinée à mettre en évidence — et en abyme — le sens de la conduite d'Elme vis-à-vis de son père) ne laisse aucun doute sur la signification de ce symbole : « [...] *vous avez aussi lancé votre père dans la gueule du monstre.* » (1365).

Comment interpréter pareille évolution dans le traitement

du thème? Plus que jamais, il est nécessaire, pour répondre, de déplier toutes les articulations de la pensée (de l'imagination créatrice) fondamentalement *dialectique* de Giono. Les deux jeunes filles ne se contentent pas, comme Alain (ou le père d'Angélique), de refouler la part en elles qui les attire vers l'originelle béance (cette part que nous avons appelée la bouche-en-soi et dans laquelle nous avions vu l'explication de la bouche féminine d'Angélique) et de demander aux tactiques de l'avarice la satisfaction — indirecte — de leur désir de perte. Certes, elles aussi substituent à cette mortelle attirance pour la perte un renversement qui les met en situation de dominer le monde où elles refusent de disparaître (avec l'orgueil caractéristique de l'avare, comme on va le voir), développant en elles, si l'on ose dire, un phallus qui, par définition, veut soumettre la Mère-nature au lieu d'être « mangé » par elle. Mais elles vont plus loin, annonçant les personnages d'« ogresses » qui se multiplieront dans les romans d'après-guerre et dont le plus représentatif est la Thérèse des *Âmes fortes*. En effet, cette bouche-en-soi qu'elles refoulaient, voici qu'elles l'assument maintenant, mais à un niveau dialectiquement supérieur : elles seront à leur tour un *contre-monde dévorateur*, la bouche-en-soi dévorera autrui au lieu de les aspirer, elles. Forme superlative d'avarice que celle qui consiste à se faire dévorateur comme le monde, par révolte contre ce monde qui ne laisse assouvir le désir qu'il inspire que sur le mode de la perte.

Ixia et Elme se feront donc ogresses : dans le champ humain, femmes dotées de la même séduction ambiguë que le monde : attirantes et dévoratrices. C'est ainsi que *le Fils se transforme en Fille*. Au point où cette analyse nous a conduit, il est clair en effet qu'Elme et Ixia appartiennent au même paradigme que les fils (frères ennemis, Émeric, père d'Angélique, Angélique, Alain). Nous espérons avoir montré que le changement de sexe est fonction de l'approfondissement de la dialectique gionienne de la « bouche », ou encore de la fleur. L'étude de la part finale du récit qui leur est consacrée apportera d'utiles précisions sur ce schème général. Pour le fils changé en fille, échanger sa place avec le Père revient à contraindre celui-ci à se faire dévorer par la bouche du monstre, c'est-à-dire, indirectement, par cette fille même en tant qu'elle a récupéré et réacclimaté en elle-même la bouche-mère pour mieux la défier.

Ixia

Son histoire, dont le récit métadiégétique est fait par Angélique au chapitre VI, sert à révéler la nature particulière de l'avarice d'Elme et le sort qui lui est promis.

l'orgueil

L'avarice procède d'une révolte contre un ordre qui vous annule. C'est ainsi qu'Ixia ressent douloureusement sa petitesse par rapport à « *la vaste mer* » (1360) : « [...] *l'île s'étendait à ses pieds, pareille à un galet de marelle, et Ixia vit la frange d'écume qui la bordait de tous côtés, et la vaste mer qui montait dans le ciel, très loin. Alors, une grande désespérance gonfla son cœur, de se sentir si petite et si seule* [...]. »

L'orgueil vient à l'avare de sentir qu'il a la puissance de s'égaler au monde, d'être aussi attirant que lui. L'avare est celui qui, orgueilleusement, *fait concurrence au monde.* Ixia prend conscience de la « *force* » (1359) d'appel que sa beauté exerce sur les hommes : « [...] *et l'orgueil dressait dans ses reins un pal inflexible, et l'orgueil s'élevait en son cœur* [...]. » (1359-60). Cet orgueil la poussera à s'arroger les attributs du monde, notamment son pouvoir dévorateur.

la Mère

Ixia est femme, et cette transformation de la nature du Fils suffirait à elle seule à attester la présence en elle de l'élément mère. Mais cette présence est soulignée d'autres manières encore. Une série de liens métonymiques suggère une équivalence entre Ixia, l'île où elle vit (la « *plus belle* » des trois Majorques (1359)) et la végétation qui y pousse, elle-même fortement sexualisée. Voici d'abord les analogies qui autorisent à parler d'équivalence métonymique entre Ixia et l'île. Sur l'île croissent « *les eucalyptus chevelus dont les feuilles sont pareilles aux doigts des femmes* » (on connaît la valeur symbolique de la chevelure, de surcroît ici ouvertement féminisée) ainsi que « *les palmiers flexibles couverts d'écailles* »; Ixia : « *Une superbe indolence mettait dans sa marche la flexibilité du serpent.* » Dès lors, les prédicats de l'île valent aussi pour la jeune fille. Elle est donc elle-même semblable à ces « *grandes fleurs profondes, rouges comme des bouches* ». C'est dire qu'elle mérite le qualificatif appliqué à la plus grande des trois Majorques : « *la mère* ».

Mais précisément elle rejette, dans un premier temps, cette fleur-bouche-en-soi (comme elle se dérobe à l'appel émanant de la « bouche » du monde : la première n'étant que l'empreinte de la seconde à l'intérieur du pli provisoire que constitue l'individu), refusant de céder au vertige qu'elle engendre, et en convertit la force d'appel en formes, selon un processus qui nous est maintenant familier.

de la fleur-bouche à la fleur-forme : le Livre

Ladite conversion s'effectue sur le mode magique du conte (« Chapitre VI / *Et ceci est le conte de la fleur d'or* » (1359)). Un jour qu'Ixia était au bord de la mer, « *une vague énorme* [...] *pareille à une montagne* » se dressa devant elle, menaçant de l'engloutir; mais, rapetissant instantanément, elle « *vint mourir aux pieds de Ixia* » et se transforma en un livre : « [...] *à la place où, morte, était venue lécher la lame, se trouvait un grand livre rouge à fermoir d'or, sec comme Artaban. Tremblante, elle voulait se retirer, mais une force mystérieuse l'attirait vers la rutilance de la basane.* » (1360). Sans aucun doute, ce livre est le produit d'une modification des fleurs-bouches de l'île (lesquelles, on le sait, s'inscrivent dans le même paradigme de la Mère que la mer qui donne ici naissance au livre). À une page d'intervalle, les similitudes dans la formulation des deux objets ne sauraient être dues à une coïncidence. Qu'on en juge (nous avons souligné les éléments communs) :

les GRANDES fleurs profondes, ROUGES COMME des bouches (1359)
un GRAND livre ROUGE à fermoir d'or, sec COMME Artaban (1360)

La mer-fleur-bouche se change en livre, en fleur-forme. Qu'on se souvienne du livre de Degli Uberti, qui recréait un équivalent de monde dans des formes. De même, ici, le livre se substitue à la « bouche ». C'est si vrai qu'il exerce la même fascination que celle qu'exerçaient les fleurs-bouches, « *enlaçant les hommes de muettes incantations* » (1359) : « [...] *une force mystérieuse l'attirait* [...]. » (1360). Preuve que le livre a bien pris la place de la fleur-bouche.

Mais la substitution se solde (se paye) par une modification. S'il est vrai que le livre remplit la fonction de fleur-forme, comme d'autre part il est muni d'un « *fermoir d'or* » (1360), alors cette fleur-là est une fleur d'or. Le fermoir correspond à un autre aspect du problème et sera analysé plus loin. Pour l'or, nous avons montré qu'il se chargeait d'une connotation négative (voir p. 71) : blocage du mécanisme d'expression des forces dans des formes autonomes et figées.

Au total, ce livre a deux fonctions : il symbolise le processus de conversion du désir dans des formes artificielles; il annonce la punition qui frappera Ixia pour s'être détournée de la fleur-bouche : la fleur d'or.

la machine de Rourkhâ

le chant de la chevelure

Le dispositif de Rourkhâ, que nous allons décrire et analyser, peut fort bien être lu, si délirant qu'il apparaisse, comme mise en abyme de l'entreprise d'Ixia telle qu'elle vient d'être déchiffrée et même, plus largement, comme métaphore du projet de toute « avarice ». Résumons-le : au sommet de la montagne (« *le pic de Rourkhâ* » (1360)) où Ixia se rend pour obtenir la clé de l'énigme posée par la blancheur du livre, trône Rourkhâ, « *la sorcière* » (1362). On sait que, dans les contes (et nous sommes dans un conte), la sorcière est une *imago* maternelle. Autour d'elle, « *il y avait une couronne de blanches femmes de marbre, de toute beauté, et ces statues étaient creuses, et le vent les faisait chanter, passant par leurs bouches ou leurs yeux troués* ». Or ce vent vient des cheveux de Rourkhâ : « [...] *son épaisse chevelure émettait les vents brusques qui soufflaient dans les têtes de marbre vides.* » (1361). « *Et les statues cessèrent de chanter, car le souffle issu des cheveux de Rourkhâ n'animait plus leurs têtes vides.* » (1362). Par une habile flatterie, la sorcière persuade Ixia de rester « *de pierre* » quand ses créatures donneront le père de la jeune fille, Mario le pêcheur, en pâture à un monstre marin. Mais au dernier moment, Ixia laissera échapper un cri de pitié et le stratagème échouera.

On se souvient que la chevelure est un symbole sexuel féminin. Par conséquent, ce vent émis par la chevelure pour faire chanter les statues est une nouvelle figure du mécanisme de conversion de la bouche-en-soi en un chant qui, en l'occurrence, sort de la « bouche » (organe, cette fois, de la parole) des têtes des statues. Que ces têtes soient « *vides* » (1361) va tout à fait dans le sens de la condamnation qui, chez Giono, s'attache à la pensée dès lors qu'elle est coupée de sa source, l'appartenance de l'individu au monde, appartenance qu'atteste et garantit justement l'existence de la bouche-en-soi. Les statues sont « *de marbre* », donc de pierre. Cela tient à ce que Rourkhâ, la première, a fait sien le programme qu'Ixia a pu lire, après intervention magique de la sorcière, sur une page du livre : « *Abandonne les peines et l'amour. / La pierre est froide mais le temps peut aiguiser sa faux. / Seule, elle reste, érigée dans les cendres des humains, / Pleine de gloire, éternelle.* » On croirait lire un quatrain du célèbre poème-programme de Théophile Gautier, « *L'Art* », par exemple celui-ci : « *Tout passe. — L'art robuste / Seul a l'éternité ; / Le buste / Survit à la cité* »[40]. Tant il est vrai que se lit ici une tentation qui ne lâchera plus Giono, celle de chercher dans la création littéraire un refuge contre le vertige de la perte.

encore la fleur d'or

L'essentiel ici toutefois est d'abord d'abandonner « *l'amour* » (1361), autrement dit ce désir qui voue les êtres à se fondre dans le monde-mère ; être « de pierre », c'est se soustraire à l'emprise du devenir, en lui préférant les formes du livre, les formes du chant, mais d'un chant circonscrit aux hauteurs (Rourkhâ trône sur son pic, et Ixia l'y rejoint), loin de la roue des métamorphoses. En somme, préférer, par révolte et par orgueil (*in extremis* la magicienne sera qualifiée de « *Rourkhâ l'orgueilleuse* » (1364) ; mais on l'avait deviné), préférer la « fleur d'or » des pures formes à l'attraction de la fleur-bouche. De fait, le dispositif de Rourkhâ est bien un nouvel avatar de cette fleur d'or, comme nous l'enseigne une lecture minutieuse du texte : « [...] *et l'immense musique montait dans le calme de la nuit jusqu'à la coupole noire* » (1361). Rappelons-nous la première occurrence du motif. Angélique, couché près de son père à Saint-Restitut, contemplait le ciel nocturne : « *Dans la coupole de la nuit, trouée de feu, il vit le crible qui passe les hommes.* [...] *Du gouffre noir, une fleur d'or tomba, striant l'ombre d'une queue de lumière.* » (1331). Coupole noire, coupole de la nuit : les mots sont les mêmes. Similitude qui vaut surtout en ce qu'elle attire l'attention sur l'analogie de la structure dans les deux cas : expression de la matrice. Une différence capitale les sépare cependant qui se marque textuellement par l'opposition « *montait* » *vs* « *tomba* » : la « *fleur d'or* » dans le monde figure l'expression directe des forces dans des formes mouvantes, tandis que la machine de Rourkhâ vise à préserver la force du désir en l'exprimant en vase clos dans un chant qui hérite métonymiquement la fixité de la pierre du canal par lequel il passe (les bouches de marbre).

On voit donc qu'effectivement cette machine reproduit la tentative d'Ixia, sous une forme emboîtée. Notons d'ailleurs que « *la crête* » (1361) où trône Rourkhâ répète la « *crête* » de la « *montagne* » (1360) d'eau qui, pour Ixia, s'était convertie en livre.

le fermoir d'or

Or la ressemblance va plus loin encore. Reprenons le passage d'un peu plus haut. Ixia est guidée vers Rourkhâ par une liane : « *Et une liane était sortie de son cœur, qui* SERPENTAIT *devant elle, loin, très loin, et l'attirait vers l'antre.* » (1361). La liane, à l'autre bout, est fixée au siège de la sorcière : « [...] *la ceinture de statues ne se fermait pas, il y avait place pour la boucle, et par cette place passait la liane.* » Une fois que le défaut d'insensibilité d'Ixia a ruiné son plan, Rourkhâ est furieuse car « *elle lui échappait, la blanche statue éolienne qu'elle s'était promise pour fermer sa ceinture où jouait le vent* » (1364). La liane, comparée à un serpent, est un symbole phallique, et « *l'antre* » (1361) un symbole féminin. Cette liane pénètre dans l'orifice laissé libre dans la « *ceinture* » de statues. Le souhait le plus cher de Rourkhâ est de « *fermer sa ceinture* » en la complétant avec Ixia changée en statue. La conclusion s'impose : cette ceinture est une sorte de ceinture de chasteté, puisqu'elle empêcherait la « *liane* » de passer. Quel rapport avec ce qui précède? Eh bien, cela confirme nettement que Rourkhâ, comme Ixia, se propose d'« *abandonne*[*r*] *l'amour* » en « fermant » la bouche-en-soi, en la soustrayant à la loi amoureuse du mélange et en lui inventant un débouché de remplacement, Ixia servant à la fois à boucler la « ceinture » et à exprimer, par sa bouche, la force ainsi barrée du côté du monde.

Or voici que ce motif de la fermeture de l'avare aux rapports amoureux et périlleux avec le monde, on le retrouve dans l'aventure propre d'Ixia, sous deux formes complémentaires. D'abord avec le livre, le « *grand livre rouge à fermoir d'or* » (1360, même formule 1362). Ce fermoir d'or joue structuralement le même rôle que la ceinture de Rourkhâ : il s'agissait déjà pour Ixia de fermer la bouche-en-soi, d'obturer le sexe pour reconvertir le désir. Le motif revient enfin dans la punition infligée à Ixia, donc sur le mode du talion : « [...] *tapie sous son ventre, elle avait, à la place de son sexe, une fleur d'or monstrueuse et dure* » (1364). Il faut bien voir *la double signification* de cette fleur d'or. D'un côté elle résume la nature de la faute d'Ixia : avoir voulu fuir le sort auquel la part maternelle qu'elle porte en elle la destinait (se perdre dans le monde-mère) en créant un contre-monde de formes « durcies » par leur autonomie même, et en changeant de place avec le Père (voir p. 91). De l'autre, elle constitue le châtiment de cette faute, et c'est là qu'on découvre sa parenté paradigmatique avec la ceinture et le fermoir. En effet, la punition infligée à la jeune fille pourrait s'expliciter ainsi : tu as prétendu te dérober à la loi d'amour qui régit l'univers, tu seras punie en étant à jamais dans l'incapacité d'assouvir ton désir. Le texte dit : « *Alors, elle traîna une vie lamentable, car les désirs flambaient dans tout son corps et nul ne pouvait approcher la fleur. Et elle essaya de se prostituer aux sangliers, et les sangliers la dédaignèrent.* »

Il ne fait aucun doute qu'on a là la première manifestation, d'autant plus nette qu'elle est plus crûment énoncée et plus naïve, de la « *malédiction* » (1364) qui pèsera sur tous les personnages de Giono : parce que les hommes ne peuvent vivre leur désir que par la médiation obligée des formes définies dans lesquelles leur esprit l'appréhende, que dans le pli fatal où leur force toujours, peu ou prou, se prend et se fige, ils sont condamnés à désirer sans fin sans jamais saisir l'objet de leur désir. Il ne saurait être question d'énumérer ici les multiples exemples de cette malédiction — si pascalienne — que l'œuvre recèle. Nous nous contenterons de citer un des passages les plus significatifs : « *Désirer. Voilà tout ce que tu es capable de faire. C'est une façon qu'on t'a donnée de te brûler toi-même. Rien ne demeure. Si peu qu'une chose soit arrêtée, elle meurt et elle s'enfonce d'un seul coup à l'endroit où elle est immobile comme un fer rouge dans la neige. Il n'y a pas de joie.* » (*Que ma joie demeure* ; II, 774).

le Double

Pour en finir avec Rourkhâ, il faut montrer que le couple qu'elle voudrait former avec Ixia constitue une nouvelle réalisation du dispositif du Double. Si Ixia était devenue statue, le vent (la force) né de la « chevelure » de la sorcière aurait soufflé par sa bouche. Ainsi, le chant d'Ixia serait venu exprimer le désir de Rourkhâ qui y aurait trouvé un moyen indirect de s'épancher, sans se perdre. Ixia aurait donc été pour elle ce qu'Angélique est à son père et Alain à Angélique : le Double sur lequel l'être projette son désir pour l'assouvir en circuit fermé; expression particulièrement appropriée à Rourkhâ et à sa « ceinture » de statues.

forte comme la mort

le phallus

Comme le Fils, la Fille veut accéder à la position dominante du Père. Elle s'emparera donc du phallus en même temps qu'elle se retirera sur un sommet. Témoin cette phrase où la montagne prend un aspect phallique et qui dit en des images transparentes l'ambition subversive d'Ixia : « [...] *l'orgueil dressait dans ses reins* UN PAL INFLEXIBLE, *et l'orgueil s'élevait en son cœur,* SEMBLABLE AUX PICS INACCESSIBLES QUI CRÈVENT LE CIEL. » (I², 1359-60). Ambition qui se trahit jusque dans la pierre inaltérable et droite, symbole de ce qui échappe au devenir : « *Seule, elle reste,* ÉRIGÉE *dans les cendres des humains.* » (1361). Même mot-signe déjà à propos du donjon se dressant, victorieux, sur les hauteurs : « [...] *sur une petite éminence, Saint-Restitut* S'ÉRIGEAIT. » (1328). À Suse, l'emblème paternel est dévolu aux chênes du parc, qui défient la tempête : « *Seuls, les chênes immenses* ÉRIGEAIENT *leurs troncs noirs, immobiles et luisants d'eau.* » (1354).

Toutefois, il faut bien voir que ce phallus se définit essentiellement par sa répugnance à être « mangé » par la « bouche » qui l'appelle. Ce qui fonde, bien entendu, l'avarice du Père et toutes les tactiques pour assouvir indirectement le désir. Et nous incite à réexaminer le symbolisme de la fleur d'or. Déjà, nous avions décelé dans la « *rose entière* » (1355) s'élevant du tourbillon des fleurs coupées par l'orage, l'image d'un phallus triomphant de la menace de castration (voir p. 43). En tant qu'ils résultent d'un effort pour se soustraire à l'attraction mortelle de la bouche-en-soi, la parole et le chant ont donc bien un caractère phallique. Dès lors, il est logique d'interpréter la fleur d'or « *monstrueuse et dure* » (1364) dont est punie Ixia *aussi* comme un symbole phallique, sans rien retrancher de notre analyse précédente. Les deux interprétations se complètent : la fleur d'or signifie à la fois : *a*) les formes pétrifiées loin de la source du désir; *b*) la fermeture (cause et conséquence : faute et châtiment) de la bouche-en-soi; *c*) la substitution (de nouveau cause et conséquence, faute et châtiment) d'un phallus stérile (d'un chant stérile) à la bouche-en-soi.

contre-sirène

Mais Ixia est une Fille, signe d'une avarice et d'une révolte supérieures. Le contre-monde depuis lequel elle entend dominer le monde-mère castrateur, il faut qu'il devienne attirant et destructeur comme l'autre. Par un nouveau renversement dialectique, le Fils se change donc en une Fille qui réintègre en elle, mais *au niveau du contre-monde* monstrueux qu'elle a su forger et où elle n'a plus rien à en craindre[41], la bouche-mère. Et tout se renverse : ce n'est plus lui, le Fils devenu Fille, qui sera mangé pour laisser le Père jouir à travers lui de la perte désirée-redoutée : le Père prendra sa place, et lui la sienne. Alors il/elle sera vengé(e) et dominera sans partage.

Ixia fuyait l'amour et le devenir. Voici qu'elle acquiert les propriétés de ces « *grandes fleurs profondes, rouges comme des bouches* » (1359) qui en sont le symbole. Comme elles (et contre elles : pour faire contre-poids à leur force d'attraction), Ixia saura « *enla*[*cer*] *les hommes de muettes incantations* ». Elle devient donc *contre-sirène* (au sens où nous avons déjà parlé de contre-monde ou de contre-déluge) en tant qu'elle exerce une attirance plus forte que celle du monde-mère. Cela se manifeste dans le texte en trois temps : 1) La peur qu'elle inspire est plus grande que celle que cause la « sorcière » : « [...] *les chiens-cerviers, qui sont les coursiers habituels des sorcières, s'éloignaient des sentiers où ses pieds blancs avaient passé. Car la beauté est une majestueuse force.* » (1359). 2) Plus significatif encore le passage où il est dit que l'approche d'Ixia fait mourir les sirènes :

> Or, vers le soir, ils arrivèrent près d'un récif perdu, tapissé de glauques mousses et sur lequel s'ébattaient des femmes à queue de poisson, superbement belles, et qui chantaient. Mais, dès qu'apparut la figure blanche de Ixia, sertie dans les ailes gemmées du dragon, elles se tordirent les mains et pleurèrent, et plongèrent sur les rochers aigus, et l'eau se teinta de sang. (1363)

Car les sirènes comprennent qu'elles sont désormais supplantées et annulées par une femme à l'attrait supérieur, dont l'appel transpose dans le champ humain l'objet séduisant mais castrateur du désir. Castrateur : Ixia est une ogresse, nous allons le montrer. 3) Séduisant : elle est une contre-sirène. Tous les bateaux qui croisent la route de la balancelle d'Ixia sont attirés irrésistiblement dans son sillage, au point que, « *quand le soir gris revint, un immense cortège de navires et de barcasses* [...] *naviguaient* [sic], *subjugués, dans les eaux de la balancelle* » (1363-4).

l'ogresse et le sacrifice du Père

Celle qui a su se faire plus forte que le monde, objet du désir (plus forte que la Mort), attire et détruit comme le monde. Le monde-mère était une ogresse : elle sera ogresse à son tour. On se souvient que, obéissant aux injonctions de Rourkhâ, Ixia s'endurcit jusqu'à laisser son père être dévoré. D'abord métaphoriquement : « [...] *des ulcères mangeaient sa peau, semblables à des loups affamés* » (1362). Ensuite et surtout par un monstre marin, symbole hyperbolique de la bouche-mère : « *La mer se creusait en un vertigineux tourbillon, et, au fond de l'entonnoir, s'ouvrait la gueule noire d'un monstre marin.* » (1364). Appât de cette pêche cynique, Mario, le père de la jeune fille, est accroché à un hameçon au bout d'une ligne, et jeté « *dans le trou noir, au fond duquel était la gueule du monstre* ». Il est certain qu'on a bien là la réalisation la plus parfaite de la structure œdipienne déjà définie par nous : le Fils (ou la Fille) échange sa place avec le Père et assiste, depuis la hauteur où il s'est abrité, à l'engloutissement du Père par la bête (la bouche-mère). Mais il y a plus : puisque le Fils s'est transformé en Fille, homologue humain de la fleur-bouche-sirène-ogresse du monde, c'est par la « bouche » de la Fille elle-même, symboliquement, que le Père sera mangé. Une lecture attentive du texte découvre en effet une analogie significative entre Ixia faisant corps avec son bateau et le « *monstre* » à la gueule menaçante. Description de l'embarcation à bord de laquelle prend place Ixia :

> La proue de la balancelle était sculptée en figure d'aile de DRAGON merveilleux, et le centre s'évidait, comportant un trône magnifique, agencé si bien que celui ou celle qui y siègerait, devait s'incorporer à la bête splendide. [...] Et Ixia monta sur la balancelle, s'assit sur le trône de bois précieux, et sa blancheur DEVINT LE CORPS DE LA BÊTE.
> (1363)

D'un même mouvement, Ixia monte sur le « *trône* » (1363)[42], emblème du Roi (du Père), et devient « *la bête* », ce « *dragon* » qui, un peu plus loin, se transforme à son tour en « *monstre marin* » (1364). Du reste, « *le centre* » (1363) du bateau « *s'évid*[*e*] » : signe que le personnage rouvre en lui la béance que, dans un premier temps (dialectique), il avait fuie. Annonce, aussi, du « *vertigineux tourbillon* » (1364) qui se creusera dans la mer pour engloutir sa proie.

Ce faisant, Ixia s'arroge le rôle du Père. En effet, Mario le « pêcheur » est initialement, par définition, l'avare qui convertit la « *force* » (1359) d'attraction de la beauté de sa fille (de la fleur-bouche) en chant ; il est donc aussi, selon la logique que nous avons exposée, celui qui « mange » au lieu d'être mangé. Les phrases suivantes en administrent la preuve avec toute la précision souhaitable : « *Son père l'aimait d'un amour ardent.* » Or il s'agit justement d'éviter la perte à laquelle conduit un tel amour : « *Le jour, il chantait sur la mer les louanges de Ixia dans sa chanson de travail; le soir, muet et la bouche béante, la pâture de ses yeux était sa fille.* » (1360). Elle est « *la pâture de ses yeux* » : nous avons montré que jouir indirectement de la perte en se repaissant du spectacle du fils dévoré par la bête (mais le fils va se changer en fille) était le propre de l'avarice paternelle. Or maintenant, c'est lui qui devient la « pâture » d'Ixia, tandis qu'elle accède au rôle du pêcheur en donnant son père à manger au monstre au bout d'un hameçon.

Ainsi, c'est clair : à ce stade suprême de l'avarice auquel la Fille s'est hissée, elle concurrence le monde dévorateur en rouvrant en elle-même la fleur-bouche dans laquelle s'abîme le Père. L'ampleur de la transgression appelle un châtiment à sa mesure : la « fleur d'or », dont nous avons analysé le symbolisme.

Elme

L'histoire d'Ixia rend compte, en abyme, du statut d'Elme. Il suffira donc de montrer comment cet autre personnage de Fille relève effectivement du même mécanisme de transgression, et de la même punition ; que donc il sert au romancier à constater une même impasse, ce qui le conduira à placer sur la route d'Angélique un troisième modèle.

la fleur coupée, le chant compensateur

Dans l'ordre du récit, comme dans la logique du mécanisme, Elme est d'abord une « fleur » pour son père, une fleur-forme dans laquelle la force du Père peut s'exprimer, un débouché pour son désir, à l'abri du monde castrateur[43]. Mais le baron Émeric de Suze l'a enlevée (1351), privant le père de cet exutoire : « *Et j'avais fait, avec mon sang, un beau lys, ma petite Elme, ma joie. Et l'on m'a volé ma joie. J'avais de ma chair pétrie fait le parfum ; on l'a souillé de pourriture et l'on m'a souffleté la face de la fleur tuée.* » (1350). Une fois cette « *fleur* » coupée, la Force paternelle est exposée à se perdre, étant livrée sans plus de défense à l'attraction du monde-mère et à la « *terreur panique* » (1347).

C'est alors qu'intervient la fonction compensatrice du chant qui, jouant structuralement le même rôle que la fleur-forme (expression du désir), peut en effet se substituer à l'enfant disparu. Le vieux père, réduit à lui-même, chante : « [...] *les peureux chantent, la nuit, quand ils sont seuls, pour cacher la terreur panique* » (1347). Or de quoi parle cette chanson ? En gros, il y est question d'être mangé (par « *la bête* » (1346)) ou de manger (« *la bête* »), c'est-à-dire de l'alternative fondamentale de la perte et de l'avarice. Donc, le contenu du chant — comme d'ailleurs, en dernière instance, toute fiction — énonce sous une forme métaphorique (d'autant plus parlante que le référent est quasi inexistant) la fonction du chant : dominer « *la bête* » au lieu d'être mangé par elle. Voici la strophe clé de la chanson :

Viens, mon chien, cours après la bête.
Viens, mon chien, LA BÊTE MORDRA. La bête est belle, ô mon Taïaut.
Son poil est souple comme l'onde
Et le plus joli chien du monde
MANGERA SON VENTRE tout chaud. (1346)

effet en retour de l'avarice

Mais ce chant, inversant sa valeur, se retourne contre le père. Alors qu'il visait à préserver le désir de la « bouche » du monde tout en l'exprimant, il devient castrateur. La chanson est torturante, elle se mue en poignard, en couteau, comme le dit le père dans son soliloque halluciné :

> Viens mon chien, cours après la bête. Arrête, ah! arrête, voilà la chanson maudite. Il ne faut pas la dire, celle-là; c'est le poignard qui fouille mon ventre; il est entré : j'ai senti la chair s'ouvrir et il se tourne dans mes boyaux, il mord, il coupe, aïe, aïe. Il me fend, il me déchire. Il monte jusqu'à mon petit, petit cœur, le couteau de la chanson. (1348)

Le chant devait tirer le désir loin de la « bouche » castratrice, il se change en couteau castrateur; il devait « *mang*[*er le*] *ventre* » de la bête, il vient mordre dans le « *ventre* » du père.

Parfaite illustration d'un schème capital de l'œuvre de Giono : le dispositif par lequel l'avare entendait se dérober à la loi de la perte *se retourne contre son auteur* et le détruit. Rappelons brièvement les autres manifestations de ce schème dans *Angélique* : 1) Le Double s'inverse en frère ennemi (voir p. 59). 2) Chez Alain, la « mer » intérieure, faute de s'exprimer ailleurs que dans des formes mentales, régresse au stade de la bouche dévoratrice (voir pp. 68-9). 3) Parce qu'elles s'emparent de la place du Père et, davantage, parce qu'elles se substituent à la bouche castratrice qui fonde la loi d'amour du monde, Ixia et, on va le voir, Elme, sont punies par la « fleur d'or » qui leur interdit d'aimer.

Elme, l'ogresse

En vertu du dépassement dialectique analysé à propos d'Ixia, la dévoration dont est victime le Père est maintenant assumée par la Fille elle-même, par Elme. De fleur-forme qu'elle était, elle devient fleur-bouche, exactement comme Ixia. C'est elle, la « bête » qui mange le Père. Il en a bien conscience ; s'adressant à sa fille, la « *grande fleur* » (1348), il constate avec horreur : « *Tu étais la pigeonne émue et peureuse et tu battais de l'aile dans ma main. Je sentais ton cœur frapper à petits coups la tiédeur de tes chaudes plumes, et je te faisais manger à ma bouche.* » On admirera l'ambiguïté si parlante de cette dernière formule : je te nourrissais avec tendresse ; mais aussi et surtout : je te donnais en pâture à ma bouche (comme faisait Mario, le père d'Ixia). Et le vieillard poursuit : « *Tu es le faucon cruel et repu, tu somnoles maintenant sur le poing gainé de cuir.* » La pigeonne (l'isomorphisme de la fleur-forme et de l'oiseau a déjà été signalé) s'est changée en faucon, autrement dit en ogresse.

La suite du récit multiplie les signes de cette valeur d'Elme. D'abord métonymiquement, le château de Suze, où elle réside, étant à plusieurs reprises doté lui-même d'une fonction castratrice. Angélique hésite à s'y rendre : « *Dix fois, la souris tirera le lard de la lèque, la onzième, la tête restera. Une fois le pont dressé et la herse descendue, nous ne serons plus dans le cercle de nos forces.* » (1352). Le voilà cependant bientôt marchant avec Alain « *le long des murs où s'incrustaient des aloès et de larges agaves rayés, semblables à des pieuvres* » (1353). Or la pieuvre, comme l'araignée, est un symbole féminin terrifiant (voir le combat de Gilliatt contre la pieuvre dans *Les Travailleurs de la mer*). La porte du château ouvre devant eux « *une gueule noire* » (1354). Les cours y sont pareilles à « *des gouffres* » (1357).

Le personnage lui-même est menaçant. La tête encadrée par « *les torsades épaisses de ses cheveux roux* » (1355), Elme est comme une araignée au centre de sa toile : « *Au centre des grands vitraux jaunes qui s'éployaient derrière elle, Elme la rousse était assise sur une haute cathèdre noire.* » Plus tard, elle apparaîtra aux jeunes gens « *sertie en la splendeur de ses cheveux roux* » (1366), tout à fait comme Ixia en sa balancelle était « *sertie dans les ailes gemmées du dragon* » (1363) (et à leur tour les vitraux sur lesquels Elme se détache sont « *découpé*[*s*] *en ailes de vautour* » (1355)). Ici, le symbolisme sexuel de la chevelure (les cheveux d'Elme rappellent l'« *épaisse chevelure* » (1361) de Rourkhâ) s'additionne à celui de l'araignée, associant étroitement le personnage à l'idée de castration. En outre, auprès d'Elme se trouvent de « *grands vases de bronze, pleins jusqu'au bord de roses effeuillées* » (1355). Freud mentionne les « *vases* » parmi les nombreux symboles de l'appareil génital féminin (p. 141[11]). Nous avons d'autre part expliqué en quoi la fleur était aussi un symbole phallique (voir p. 92). Il en résulte que les « *roses effeuillées* » gisant dans des vases sont un symbole supplémentaire de castration. Enfin, nous avons montré comment la force d'Angélique était « bue » par la présence fascinante d'Elme (voir p. 38-9).

le châtiment

L'attitude d'Elme vis-à-vis du Père est ainsi tout à fait comparable à celle d'Ixia. Elle appelle donc le même châtiment. Angélique ne s'y trompe pas, qui déclare : « [...] *sur vous aussi s'est appesantie la malédiction de Rourkhâ. Plus belle, même Ixia ne l'était pas, et nulle ne sera plus malheureuse que vous, car vous avez aussi lancé votre père dans la gueule du monstre, et la fleur d'or luit sous votre robe.* » (1365).

Le second modèle se trouve donc invalidé comme le premier. Ce qui ne signifie pas du tout que Giono renoncera à donner forme romanesque à la révolte radicale qui se traduit par cette avarice prométhéenne et dévoratrice. Au contraire. Le personnage d'Ennemonde, par exemple, atteste la permanence de la séduction d'une telle combinaison sur l'imaginaire de l'écrivain.

Un troisième et dernier modèle succède à celui-ci : le modèle des batailles, incarné par Émeric de Suze.

IX

TROISIÈME MODÈLE
ÉMERIC ET LES BATAILLES

Émeric et le Père

Répétons-le : dans sa recherche d'un moyen pour le Fils de s'emparer efficacement et impunément du rôle du Père, le récit se livre à des tests. Il le fait avec Émeric. Par trois fois, ce personnage affronte le Père, à travers trois de ses figures : *a*) Il échoue contre Glube, le châtelain de Saint-Restitut, faute d'avoir mis en œuvre les batailles (voir p. 61). Il recommencera l'opération à Suze, dont on remarquera que le château, comme celui de Saint-Restitut, est appelé « *bastille* » (voir pp. 1325 et 1351) : c'est bien le même emblème paternel[44]. *b*) Il ravit Elme à son père et fait d'elle sa favorite : « *Elle était si belle que le baron, un soir, l'enleva.* » (1351). *c*) Il triomphe de son propre père en commettant sur lui un meurtre symbolique.

Ce meurtre se manifeste par le truchement de deux figures paternelles. D'une part, celle d'un précepteur : « *Le baron Émeric de Suze avait, étant jeune, battu jusqu'au sang le pédant chargé de l'instruire* » (1367). D'autre part, celle d'un cerf : « *Il connut sa puissance le jour où il tua, de sa propre main, un grand cerf alerte aux mystérieux branchages* » (1368). Quant au père proprement dit, sa mort est donnée par le texte comme la conséquence directe d'un geste de castration du fils, la *fleur* ayant ici sa valeur phallique : « *Son père, vieillard falot, que deux esclaves portaient chaque après-midi jusqu'aux massifs de roses, où il s'amusait à rouler lentement, dans ses longs doigts pointus, les pétales parfumés, mourut un soir, en broyant une fleur coupée.* » Aussitôt, Émeric se proclame « *chef de Suze* ». Il accède d'ailleurs alors à cet « entassement » (contre-accumulation) dans lequel nous avons discerné un des attributs majeurs de l'avare : « *Et, Émeric de Suze se sentit vraiment le chef de quelque chose le jour où les hétéroclites dépouilles précieuses* S'ENTASSÈRENT *dans ses caves.* »

les batailles

Ce qui fait d'Émeric un modèle différent des précédents, c'est qu'il a recours aux batailles pour s'emparer du statut du Père. Nous avons montré que celles auxquelles s'adonnent Émeric et ses hommes leur assurent une participation privilégiée au grand mélange du monde (voir pp. 22-5). La fin du roman insiste sur la qualité de « *guerrier* » (1367) d'Émeric : « [...] *les bêtes lui avaient appris la sauvage splendeur de la force* » (1367-8). Il « *se battait à coups de poing avec les rustres* » (1368). La dernière page énumère ses expéditions belliqueuses. En outre, ce personnage, à la différence des hôtes de Montségur, n'a aucun goût pour les formes livresques. Les livres, il les détruit : jeune homme, il avait « *fait un feu de joie au milieu de la cour de manuscrits précieux, colligés par les moines de Visan, puis il était parti chatouiller les ribaudes* » (1367).

Est-ce à dire qu'on revient avec lui dans l'impasse de la force aveugle, sans débouché complémentaire dans les formes? Non, si l'on tient compte de cette donnée essentielle qu'il s'agit d'un modèle pour Angélique. Or Angélique, on s'en souvient, a déjà été initié, par ceux de Montségur, à la fonction irremplaçable des formes en tant qu'elles « sauvent » le bénéfice tiré par l'individu de sa participation effective au monde réel — bénéfice procuré ici par les batailles, qui viennent corroborer les vertus analogues du voyage — en le convertissant au fur et à mesure en chant.

CONCLUSION

Ainsi ce troisième modèle permet-il de parachever l'initiation d'Angélique. Il complète du même coup la solution patiemment élaborée par ce premier roman au problème initial : à quelles conditions est-il possible de se perdre tout en se conservant? Certes, l'inachèvement du récit autorise à supposer que d'autres modalités encore auraient pu être essayées. Mais il n'est pas interdit de penser aussi que le récit tourne court parce que, parvenu à ce point de l'histoire d'Angélique, Giono a déjà fait le tour, pour l'essentiel, des diverses options entre lesquelles le Fils peut choisir pour atteindre l'objet de sa quête. En tout cas, il n'est pas excessif de prétendre que les romans à venir, d'un point de vue structural du moins, ne feront qu'explorer toutes les formes et toutes les combinaisons possibles de ce petit nombre de tactiques grâce auxquelles le Fils tente d'accéder à l'avarice paternelle, étant entendu que cela implique et inclut toutes les formes du vertige que la loi fondamentale de la perte continue d'exercer en permanence.

On peut donc légitimement considérer *Angélique* comme le laboratoire où l'œuvre gionienne s'est préparée, avec une étonnante prescience de son développement futur.

ANNEXE

RÉSUMÉ D'*ANGÉLIQUE*

UN vieil homme et son fils, Angélique, débarquent nuitamment sur une rive du Rhône. Ils ont parcouru une partie de l'Europe (Amsterdam est mentionnée (1323), ainsi que les « *rives glacées du Danube* » (1326) ; Angélique dit enfin venir « *du Rhin* » (1356)) en présentant, de château en château, des chants et des danses : ce sont des trouvères. Les voici maintenant dans la Drôme, comme l'atteste une dizaine de toponymes réels (Giono a connu cette région lors de son séjour à l'école d'aspirants de Montségur-sur-Lauzon, en 1915*). Évitant la plaine où les trois frères ennemis de Saint-Paul sèment la désolation, ils montent au château en ruines de Saint-Restitut où le père d'Angélique a vécu jadis — il semble être le fils de Glube, le châtelain. Le vieillard décide de finir ses jours dans ces hauteurs (chap. I).

Angélique, lui, repart sur les routes. Il sauve un homme poursuivi par un chien : c'est Farinata, le majordome du château de Montségur. Il révèle à Angélique que la terre est « *une grosse bête suave sur laquelle nous vivons à la façon des poux* » (1332-3). Le jeune homme le suit à Montségur ; il y tiendra compagnie au jeune seigneur Alain, qui s'y morfond depuis la mort de son père, le comte Jean. Angélique s'aperçoit que le château est un îlot où s'épanouit l'imaginaire ; à ses yeux, ses hôtes sont des « *fous* » (1341). Outre Farinata, y vivent en effet deux serviteurs : Degli Uberti[1], qui découvre à Angélique les séductions des enluminures d'un manuscrit arabe, et Sampierro, familier des propriétés merveilleuses des plantes et de « *la voix mystérieuse des fleurs* » (chap. II ; 1342).

*Voir Henri GODARD, « Avant-Propos » à *Angélique* (Paris, Gallimard, 1980), p. 8-9.

Tout en mesurant le prix de cette initiation multiple aux vertus des *formes*, Angélique propose d'arracher Alain à ce château isolé où sa « force » intérieure s'étiole et croupit, en l'emmenant parcourir le monde avec lui (chap. III).

Une fois partis, ils s'abritent de la pluie dans une cabane. C'est celle d'un vieillard, le père d'Elme la rousse, la favorite d'Émeric, baron de Suze. Depuis que ce dernier lui a volé sa fille, le père est fou. Les deux jeunes gens le réconfortent et s'en vont vers Suze, car Alain brûle d'être mis en présence d'Elme (chap. IV).

Pénétrant dans l'enceinte du château de Suze sur les traces d'un capucin, ils doivent traverser un parc intérieur séparé de la forteresse par « *une mer de roses énormes* » (1355) que bouleverse un orage. Dans une salle, Elme trône, au centre de sa chevelure d'or. Elle dédaigne Alain, lui préfère Angélique à qui elle donne un baiser. Angélique en éprouve « *une inexprimable horreur* » (1356). Le soir même, il va dans la roseraie à un rendez-vous fixé par Elme. Depuis le fossé, Alain épie leur dialogue. C'est ainsi qu'il entend son ami raconter à Elme « *le conte de la fleur d'or* » (1359), récit qui occupe le chapitre suivant (chap. V).

Dans les îles Majorques vivait Ixia, fille de Mario le pêcheur. Sa grande beauté l'avait rendue orgueilleuse. Un jour, une vague monstrueuse vint mourir à ses pieds et se changea en « *un grand livre rouge à fermoir d'or* » (1360) dont les pages étaient blanches. Avide de percer cette énigme, elle alla trouver la sorcière Rourkhâ, au sommet d'une montagne. Celle-ci lui apparut au centre d'un étrange dispositif : la chevelure de la sorcière émettait un vent qui, passant par la bouche de statues placées autour d'elle en couronne, y produisait un chant. Rourkhâ lui révéla qu'elle était promise à un brillant destin, à condition qu'elle fût « *de pierre* » (1362). Ixia fut immédiatement mise à l'épreuve : sur la mer, son père captif de la sorcière fut jeté sous ses yeux en pâture à un monstre marin. Mais au dernier moment, la jeune fille laissa échapper un cri de pitié. Pour se venger (« *car ainsi, elle lui échappait, la blanche statue éolienne qu'elle s'était promise pour fermer sa ceinture où jouait le vent* » (1364)), Rourkhâ changea le sexe d'Ixia en « *une fleur d'or monstrueuse et dure* » (chap. VI).

Angélique explique alors à Elme que ce conte lui représentait son propre sort, car, lui dit-il, « *vous avez aussi lancé votre père dans la gueule du monstre, et la fleur d'or luit sous votre robe* » (1365). Ulcérée, Elme disparaît. Alain et Angélique sont jetés en un cachot. Quand on les en sort, c'est pour les introduire dans une salle du château où festoient les hommes de main d'Émeric, baron de Suze, homme brutal dont on apprend qu'il a pris la place de son père et vit de rapines.

Le texte du roman s'interrompt après le portrait d'Émeric (chap. VII).

1. Giono a donc réparti entre deux personnages : Farinata et Degli Uberti, le nom d'un homme que, dans *La Divine Comédie* (« L'Enfer »), Dante rencontre dans le sixième cercle de l'Enfer : le noble Farinata Degli Uberti, homme de parti.

1. Henri Godard, Notice d'*Angélique* (I^2, 1320).

2. Sur ces deux notions capitales, voir les travaux de Robert Ricatte, Alan J. Clayton, Jacques Chabot et Laurent Fourcaut.

3. Voir à ce propos l'article de Pierre Citron, « Sur les noms chez Giono », *Corps écrit*, n° 8, 1983, pp. 123–35.

4. « [...] *Giono ne pouvait manquer de pressentir dans* Angélique *ce que les lecteurs de son œuvre y trouvent rétrospectivement : [...] l'affleurement de thèmes parmi ceux auxquels il reviendrait le plus souvent.* » (I^2, 1320).

5. Voir *Deux cavaliers de l'orage* : « *la force du sang* » (VI, 84).

6. Voir notre analyse de *Regain* (« Méthodologie et documents », chap. : « *Regain* : la dialectique appropriation du monde/fusion dans le monde », p. 6), où nous citons un passage fort éclairant de *Roman des origines et origines du roman* de Marthe Robert. Dans *Colline*, le soc s'inscrit clairement dans un rapport de rivalité œdipienne entre Gondran et Janet, son beau-père, ce qui aboutit à un symbole très net de castration. En épousant Marguerite, la fille de Janet, Gondran « *a pris toute sa place. Il est large, haut, rouge; l'araire est droit dans ses mains* » (I^2, 131). Plus loin se lit le châtiment : « *Janet a rébarbative allure, ce soir* [...]. *Un œil ouvert dans l'ombre luit d'une lueur de pierre; un de ces éclats de roche contre lesquels le grand soc lisse qui tire droit, par habitude, se rompt soudain, et verse.* » (137).

7. Le père d'Angélique est d'ailleurs le fils de Glube, le châtelain quelque peu sorcier de Saint-Restitut, comme il le laisse lui-même entendre assez clairement. Voir p. 48.

8. Voir Mircea Eliade, *Aspects du mythe* (Paris, Gallimard [1963], rééd. collection « Idées », 1971), p. 102.

9. Michèle Belghmi, *Giono et la mer*, p. 50 : « *Les ténèbres comme l'espace marin emportent les barrières dressées par le régime diurne, elles estompent, noient les paysages. Les images marines se multiplient lorsque Giono veut évoquer la nuit.* »

10. « *Les images marines, en détruisant les catégories de l'espace, abolissent les cloisonnements qui entravent l'élan, les classifications qui figent les espèces.* » (M. Belghmi, *op. cit.*, p. 46).

11. Freud, *Introduction à la psychanalyse*, trad. de S. Jankélévitch (Paris, Payot, « Petite Bibliothèque Payot », 1969).

12. « *On peut enfin se demander si la substitution à l'organe sexuel masculin d'un autre membre tel que le pied ou la main, doit également être considérée comme symbolique. Je crois qu'en considérant l'ensemble du rêve et en tenant compte des organes correspondants de la femme, on sera le plus souvent obligé d'admettre cette signification.* » (p. 140-1[11]).

13. Nous analyserons plus loin (p.59) la signification de ce micro-récit. Nous montrerons que la rivalité de ces frères ennemis sanctionne l'essai (avorté) d'une solution pour gérer l'intenable « perte » et donc constitue un jalon important dans la recherche que poursuit le roman.

14. Cet épisode fera l'objet d'une analyse particulière. Voir p. 54-5.

15. Cette idée a été esquissée plus haut p. 13.

16. Ce n'est pas ici le lieu d'examiner en détail cette importante question. Bornons-nous à quelques jalons. Conflit des fermiers avec leurs propriétaires dans *Regain* (voir notre étude déjà mentionnée sur ce roman [n. 6], pp. 11–3). Tensions entre « misérables » et bourgeois dans *Jean le Bleu*. Travail aliéné des ouvriers agricoles dans les grandes propriétés de type capitaliste de *Que ma joie demeure*. Microcosme socio-politique du groupe des réfugiés dans *Batailles dans la montagne*, etc..

17. Même constatation déjà p. 23.

18. Nous insisterons plus loin (p. 70 et p. 87) sur les significations de ce motif de la « fleur d'or » qui est sans aucun doute au cœur de la configuration symbolique du récit. Nous analyserons alors la cause et la nature de la modification qu'elle représente par rapport au sexe.

19. Voir notre étude, « Empereur Jules, ou la dialectique perte-avarice », *Jean Giono 4* (Paris, Lettres Modernes, 1985). « *Dans ce roman* [Noé], *les arbres sont métaphores des formes arborescentes se déployant à partir des* "*racines profondes*". » (p. 65).

20. Par exemple dans *Batailles dans la montagne* : « [...] *voilà que j'ai un bleu et que mon sang pousse les portes de ma peau pour sortir.* » (II, 827).

21. Voir notre étude, « Déluges dans *Batailles dans la montagne* », pp. 251–61 in *Giono aujourd'hui*, Actes du Colloque international Jean Giono d'Aix-en-Provence, 10–13 juin 1981.

22. Voir notre étude, « *Noé* : le fond et les formes », "*Giono : lecture plurielle*", *Études littéraires*, pp. 419–39.

23. Dans « *Fleurs et couronnes* » (pp. 66–8 in *Paroles* [1949] [Paris, Gallimard, « Folio », 1973]), Prévert exploite l'homonymie pensée (production de l'esprit)-pensée (fleur) et se livre à une charge contre l'esprit humain. Aux « *véritables fleurs vivantes* » il oppose « *ces sales fleurs qui ne vivent ni ne se fanent jamais* », les « *immortelles* », et aussi celle que les hommes ont annexée en la nommant « *Pensée* » : « [...] *Dans leur tête / Pousse la fleur sacrée / La sale maigre petite fleur / La fleur malade / La fleur aigre / La fleur toujours fanée / La fleur personnelle... / ... La pensée...* » La parenté avec Giono est frappante.

24. Nous avons déjà analysé sous cet angle la phrase où Elme commente elle-même le mot tendre qu'elle adresse à Angélique (voir p. 28).

25. *Le Bout de la route* est une pièce de théâtre écrite par Giono à la fin de 1931. La citation est tirée de l'Acte III, scène 4 (*Théâtre* [Paris, Gallimard, 1943], p. 94).

26. « Un Roman du Moyen Âge », p. 79 sq. in Mark TWAIN, *Contes choisis* (Paris, Nelson, 1940).

27. Il y a là une incohérence dans la chronologie de la fiction. Émeric, au moment où parle le père d'Angélique, est jeune, comme l'indique son portrait à la dernière page du roman. Elme, jeune aussi, est toujours alors sa « *favorite* » (I^2, 1325). Or le père dit de Glube : « *Il était bien vieux quand j'étais jeune* » (1324). La mort de Glube doit donc être à la fois très récente (Émeric n'a pas eu le temps de vieillir) et très ancienne puisque le père d'Angélique, lui, est maintenant très vieux. Cet anachronisme est signifiant : il faut que le couple Père-Fils puisse être rempli successivement par Glube-père d'Angélique ; Glube-Émeric ; son père-Angélique ; puis par Alain-son père et Émeric-son père, sans parler du cas particulier des filles (Elme, Ixia).

28. Lire à ce sujet l'étude de Marcel NEVEUX, « L'Espion et le Procureur », pp. 79–95 in *Jean Giono, imaginaire et écriture*, Actes du colloque international Jean Giono de Talloires, 4–6 juin 1984.

29. On pourra lire la description d'une structure comparable dans l'analyse du film d'Hitchcock, *Fenêtre sur cour* (*Rear Window*, 1954), proposée par Slavoj Zizek (*Tout ce que vous avez toujours voulu savoir sur Lacan sans jamais oser le demander à Hitchcock* [Paris, Navarin, 1988], 216 p., chap. XXII : « Fenêtre sur cour : fenêtre du fantasme », pp. 141–3). Le héros (incarné par James Stewart) est victime d'un blocage sexuel sous l'influence traumatisante du « surmoi maternel » (la Mère castratrice). Dès lors, dans son désir d'éviter la relation sexuelle avec son amie (Grace Kelly), il se laisse fasciner par le spectacle du voisin qui a tué sa femme (il l'épie de sa fenêtre) et projette sur lui la réalisation de son désir : « *Incapable de s'y résoudre, il diffère à l'infini l'acte (sexuel), et ce qu'il voit constitue la réalisation fantasmatique de ce qui pourrait arriver entre lui et Grace Kelly* » (p. 142-3).

30. Ainsi parle l'abbé Carlos Herrera, *alias* Vautrin, à Lucien de Rubempré à la fin d'*Illusions perdues* de Balzac (éd. Pierre Citron [Paris, Garnier-Flammarion, 1966], p. 601). On ne saurait trop insister sur l'étroite parenté qui unit Giono à Balzac du point de vue de la théorie — et de la pratique — de « l'avarice ». Le prodigieux discours de l'antiquaire à Raphaël de Valentin dans le chapitre IX de *La Peau de chagrin* développe une conception de « l'avare » qui est déjà celle de Giono. Mais ce rapprochement mériterait à lui seul une longue étude.

31. Dans *Noé*, Giono donnera à ce programme caractéristique de l'avarice sa réalisation la plus complète, en même temps qu'il en démontera le mécanisme. Voir notre article sur « *Noé* : le fond et les formes » (art. cité [n. 22]).

32. Voir notre article, « Le Traitement de la force dans *Deux cavaliers de l'orage* », *Bulletin* de l'Association des amis de Jean Giono, n° 22, automne-hiver 1984, pp. 85–95.

33. Otto RANK, *Don Juan et le Double* (Paris [Denoël, « Études psychanalytiques », 1932], rééd. Payot « Petite bibliothèque Payot », 1973), chap. « Le Double » : pp. 7–115.

34. Il n'est peut-être pas inutile de rappeler que, dans *Jean le Bleu*, roman largement autobiographique, le père du narrateur est appelé « le père Jean » (par ex. : II, 5).

35. « *On rince le linge dans un sarcophage de grès* » (*Colline*; I, 129).

36. Selon un mécanisme assez comparable, on voit Farinata, après avoir failli être « dévoré » par un chien, s'écrier : « *Ce lâche ! Que le charpin lui dévore la peau !* » (I^2, 1331).

37. Charles BAUDOIN, *Psychanalyse de Victor Hugo* ([Genève, Éditions du Mont-Blanc, 1943] Paris, rééd. Armand Colin, « U2 », 1972), p. 173. L'auteur a d'abord cité Otto Rank (*Le Traumatisme de la naissance*, p. 30) : « *L'araignée représente très nettement le symbole de la Mère revêche (= Mère terrible) qui a réussi à emprisonner l'enfant dans les mailles de son réseau.* » (p. 169).

38. C'est la devise du Nautilus dans *Vingt mille lieues sous les mers* ([Paris, Le Livre de Poche, 1983], p. 80). L'hostilité que Giono manifestera plus tard à l'égard de Jules Verne (voir M. BELGHMI, *op. cit.*, p. 114-5) s'adressera au chantre de la civilisation industrielle, contre laquelle Giono se dressera toujours plus. Mais elle ne saurait concerner la part, considérable, de romantisme dont témoigne cette admirable formule que Giono aurait pu faire sienne.

39. BAUDELAIRE, *Les Fleurs du mal*, XIV.

40. Théophile GAUTIER, « *L'Art* », *Émaux et camées.*

41. Sauf bien entendu s'il s'avère que la loi universelle du mélange l'emporte et frappe l'auteur de la transgression d'un châtiment du type talion. Et c'est bien ce qui se passe, comme nous l'avons montré.

42. Ce trône est le prolongement de deux autres sièges emblématiques qui contribuent à relier les trois figures de femmes capables d'une même *royale* avarice : la « *haute cathèdre noire* » d'Elme (I^2, 1355) et le « *trône* » (1361) de Rourkhâ, appelé plus loin « *cathèdre* ».

43. Nous ne revenons pas sur cette démonstration, qui a été faite pp. 40-2.

44. Et aussi, ce qui est logique, le même symbole maternel. En effet, chaque occurrence du mot *bastille* est assortie d'une mention des *bijoux* : « *Glube ne se laisse pas déposséder, mon fils. Quand il a vu dans sa bastille les chattes du sire* [*Émeric*] *avec leurs rubans d'or et leur satin, Elme la rousse, la favorite,* COUVERTE D'ORFÈVRERIE JUSQU'À LA PANTOUFLE, *il lui a suffi de ricaner dans l'ombre pour chasser pêle-mêle ce fatras de catins.* » (I^2, 1325). « *La sombre bastille de Suze la recélait* [Elme] *comme un joyau* » (1351). Or Freud nous apprend que, dans le rêve, un « *autre symbole intéressant de l'appareil génital de la femme est représenté par le* coffret à bijoux » (p. 141[11]). Plus loin, il ajoute : « soulier, pantoufle *désignent symboliquement les organes génitaux de la femme* » (p. 143[11]).

BIBLIOGRAPHIE

ŒUVRES DE JEAN GIONO

Angélique. Paris, Gallimard, 1980 (« Avant-propos » de Henri GODARD). 150 p.

Récits et essais. Paris, Gallimard, « Bibliothèque de la Pléiade », 1989 (édition publiée sous la direction de Pierre CITRON avec la collaboration de Henri GODARD, Violaine de MONTMOLLIN et Mireille SACOTTE).

Cahiers Giono 1. Correspondance Jean Giono—Lucien Jacques 1922–1929. Paris, Gallimard, 1981 (édition établie et annotée par Pierre CITRON).

Cahiers Giono 3. Correspondance Jean Giono—Lucien Jacques 1930–1961. Paris, Gallimard, 1983 (édition établie et annotée par Pierre CITRON).

Cahiers Giono 4. De Homère à Machiavel (recueil de préfaces). Paris, Gallimard, 1986 (« Avant-propos » de Henri GODARD).

ÉTUDES

Pierre de BOISDEFFRE. *Giono*. Paris, Gallimard, 1965. 285 p. (Coll. « La Bibliothèque idéale »).

Michèle BELGHMI. *Giono et la mer*. Talence, Presses Universitaires de Bordeaux, 1987. 230 p.

Roland BOURNEUF. *Les Critiques de notre temps et Giono*. Paris, Garnier, 1977. 206 p.

Jacques CHABOT. *La Provence de Giono*. Aix-en-Provence, Édisud, 1980. 122 p.

Claudine CHONEZ. *Giono par lui-même*. Paris, Seuil, 1956. 191 p. (Coll. « Écrivains de toujours »).

Alan J. CLAYTON. *Pour une poétique de la parole chez Giono*. Paris, Lettres Modernes, 1978. 149 p. (Coll. « Situation », 39).

Jean DECOTTIGNIES. *L'Écriture de la fiction. Situation idéologique du roman*. Paris, Presses Universitaires de France, 1979. 208 p. (Coll. « Écriture ») [« Mélancolie de Giono », pp. 93–150].

Joseph FERDINAND. *Gionisme et Panthéisme. La re-création de l'homme par Jean Giono*. Sherbrooke [Québec, Canada], Naaman, 1987. 268 p.

Henri GODARD, *Album Giono*. Paris, Gallimard, 1980. 320 p. (Coll. « Bibliothèque de la Pléiade »).

Anne-Marie MARINA-MEDIAVILLA *et* Laurent FOURCAUT. *Regain*. Paris, Éditions Modernes Media, 1987 [1. Études, 128 p.; 2. Documents]. (Coll. « Étude d'une œuvre dans le texte intégral »).

Julie SABIANI. *Giono et la terre*. Paris, Éditions Sang de la Terre, 1988. 186 p.

COLLOQUES, NUMÉROS SPÉCIAUX, REVUES

Bulletin de l'Association des amis de Jean Giono, Manosque (31 numéros parus) (1973–1989).

"*Giono*", Revue des sciences humaines, n° 169, Université de Lille III, 1978.

Giono aujourd'hui. Actes du Colloque d'Aix-en-Provence. Aix-en-Provence, Édisud, 1982.

"*Giono : lecture plurielle*", *Études littéraires* [Québec, Les Presses de l'Université Laval], vol. 15, n° 3, déc. 1982.

Jean Giono, imaginaire et écriture. Actes du Colloque de Talloires. Aix-en-Provence, Édisud, 1985.

"*Jean Giono*", *L'Arc*, n° 100 [Le Revest Saint-Martin, Éd. Le Jas, 1986].

TABLE

INTRODUCTION 3

I. L'INDIVIDU ET SON DÉSIR 7

la force interne 7

le désir de possession de la Mère 9

II. LE MONDE-MÈRE ET LA DIALECTIQUE DE LA FLEUR 11

le monde dévorateur-castrateur ou la Nature ogresse 11

la Force, 12. — *la mer*, 13. — *la forêt et la chevelure*, 15. — *l'eau chargée d'herbes*, 17. — *la bouche de l'ogresse*, 19.

la loi des batailles 20

le monde comme accumulation, 20. — *le mélange*, 20. — *la roue*, 21. — *les batailles ou Éros et Thanatos*, 21. — *les batailles sociales*, 23.

la dialectique de la fleur 26

le symbolisme de la fleur, 26. — *la fleur-bouche*, 26. — *fleurs : les formes où s'expriment les forces*, 27. — *la fleur qui chante*, 29. — *la fleur d'or*, 30. — *la sirène ou la dialectique de la fleur-bouche*, 31.

la terreur 32

III. EXPRESSION DE LA FORCE INTERNE 35

le débouché du désir 35

dialectique de la bouche humaine 36

l'inexprimable 38

la conversion en chant 40

la fleur personnelle 41

la fleur, expression de la force individuelle, 41. — *un dispositif contre nature*, 42. — *l'initiation aux formes*, 42. — *la fleur entière*, 43.

symbolisme de l'ambivalence sexuelle d'Angélique 44

IV. LA POSITION DOMINANTE DU PÈRE 47

le repli dans les hauteurs 47

du Père, 47. — la désertion, 49. — la domination, 50.

les stratégies de l'avarice 51

le théâtre, 51. — le contre-monde, 52. — manger vs *être mangé, 52. — la cruauté, 53. — aimer l'Absente, 55. — la jouissance du mélange par fils interposé, 56.*

V. DEUX TENTATIVES AVORTÉES ET UNE ALTERNATIVE 59

les frères ennemis 59

un échec d'Émeric 60

l'alternative 61

VI. PREMIER MODÈLE : ALAIN À MONTSÉGUR 63

la transgression 63

l'île, 63. — la mort du Père, 64.

un contre-monde de formes 65

la punition du fils usurpateur 67

la lèpre, 67. — régression de la bouche chantante à la bouche en soi dévorante, 68. — la fleur d'or, 70.

VII. LE PROGRAMME D'ANGÉLIQUE 73

Angélique et le Père 73

ébauche d'une combinaison 74

obéir à la loi du mélange et des batailles, 74. — l'expression dans des formes en mouvement, 75. — l'objectif du Fils, 77. — le dispositif du Double, 79.

VIII. DEUXIÈME MODÈLE (DOUBLE) : ELME ET IXIA 81

des filles 81

Ixia 83

l'orgueil, 83. — la Mère, 84. — de la fleur-bouche à la fleur-forme : le Livre, 84.

la machine de Rourkhâ 86

chant de la chevelure, 86. — encore la fleur d'or, 87. — le fermoir d'or, 88. — le Double, 90.

forte comme la mort 91
le phallus, 91. — contre-sirène, 92. — l'ogresse et le sacrifice du Père, 93.
Elme 95
la fleur coupée, le chant compensateur, 96. — effet en retour de l'avarice, 97. — Elme, l'ogresse, 97. — le châtiment, 99.

IX. TROISIÈME MODÈLE : ÉMERIC ET LES BATAILLES 101
Émeric et le Père 101
les batailles 102

CONCLUSION 103
ANNEXE 105
notes 108
BIBLIOGRAPHIE 113

Achevé d'imprimer par Corlet,
Condé-en-Normandie (Calvados),
en novembre 2021
N° d'impression : 173734 - dépôt légal : septembre 2021
Imprimé en France